叶准教咏春木人桩法

叶准 梁家锠 陈振良 著

北京联合出版公司
Beijing United Publishing Co.,Ltd.

目 录

前 言 ··· 001

第一部分　咏春拳的概述 ································· 003

1.1　咏春拳套 ·· 006
小念头　006

寻桥　007

标指　008

1.2　黐手 ·· 008

1.3　内外门及四门 ···································· 009
内外门分自身的内外门及接触后的内外门　009

埋踭及定踭　010

1.4　中线与子午线 ···································· 010
中线　010

子午线　011

"正身以中线为子午线、侧身以对膊线为对方中线"解说　012

第二部分　木人桩的概述 ································· 015

2.1　木人桩简介 ·· 017

2.2　木人桩的结构 ···································· 018
桩手角度及距离　019

木人桩的虚手　019

人与桩的高度 020

人与桩的距离 020

桩脚高度 020

桩手不要太滑 021

2.3 **学习木人桩的目的** ……………………………………… 021

良好的位置 021

熟练的手法及巩固"形"的结构 022

步法 022

启发性 023

增强腰马力 023

随时练习 023

组合性的攻击练习 023

2.4 **黐桩** ……………………………………………………… 024

2.5 **打桩、朝形及追形** ……………………………………… 025

2.6 **磨桩** ……………………………………………………… 026

2.7 **打桩与意念** ……………………………………………… 027

2.8 **木人桩的应用** …………………………………………… 029

第三部分　木人桩法 …………………………………… 031

引言 ………………………………………………………………… 033

第一节及第二节 ………………………………………………… 035

第一节　示范　036

第二节　示范　040

重点 1　45°楔位的走马动作　044

重点 2　正身耕手位置　046

重点 3　捆手正掌　047

重点 4　捆手底掌　048

重点 5　捆手位置　049

重点 6　膀手　049

　　重点 7　虚手与实手　050

　　重点 8　标马捆手　051

　　重点 9　楔脚　051

　　应用解构　052

第三节 ··· 055

　　第三节　示范　056

　　重点 1　正身内门拍手　062

　　重点 2　转马侧身外门拍手及杀颈手　062

　　重点 3　索手底拳　063

　　重点 4　45°侧身脚　063

　　应用解构　065

第四节 ··· 067

　　第四节　示范　068

　　重点 1　外门双摊手，双圈手底掌　074

　　重点 2　内门双摊手，双正掌　075

　　重点 3　双正掌、底掌留意的事项　076

　　重点 4　捆手　077

　　重点 5　90°踢脚　078

　　应用解构　079

第五节 ··· 081

　　第五节　示范　082

　　重点 1　沉踭左右摇腕，捞手侧底掌　087

　　重点 2　捆手变正身抱琵手　088

　　重点 3　膀手变侧身抱琵手　089

　　重点 4　耕手变正身抱琵手　090

　　重点 5　膀手变漏手抱琵手　091

　　重点 6　入马　093

3

重点 7　手形　094

应用解构　095

第六节 ………………………………………………… 101

第六节　示范　102

重点 1　耕手变换过程　107

重点 2　擸手上颈、揿手上颈　107

重点 3　45°换步踢脚　109

应用解构　110

第七节 ………………………………………………… 115

第七节　示范　116

重点 1　移步直踢　121

重点 2　移步直踢接转马低踢　121

重点 3　揿手楔马　122

应用解构　125

第八节 ………………………………………………… 127

第八节　示范　128

重点 1　退步封手踢脚　134

重点 2　擸手踢脚　134

重点 3　双擸手的重点　135

应用解构　137

叶问原创范本 …………………………………………… 141

鸣　谢 …………………………………………………… 158

出版后记 ………………………………………………… 159

前　言

　　我曾于1981年跟某君出版了一本有关咏春木人桩的书，转眼已30年了，这30年都是我发扬和教授咏春的黄金时间，在这段时间里不断发现那本书有不足甚至有歪曲的地方，而且在这30年的黄金时间里，我对木人桩跟黐手及搏击的关系都有深刻的体会，所以一直都希望能够重新编写一本对学者更加有帮助的桩书，因此我便出版了这本书。

　　这本书除了很少数不同之外，是完全根据叶问宗师遗留下来的桩法编写的。在这本书里面，对某些问题特别加以强调，比如第一节强调正身马的作用，和第七、第八节多加了一下揪手的原因，其他还有很多重点都加以说明，务求对读者更加有帮助，使他们更加能够理解咏春的桩法，容易学习及使用。

叶　准

第一部分
咏春拳的概述

咏春是一套"以柔制刚"的功夫,任何功夫的练习过程都是由固定形式练到无固定形式,亦即是由有形到无形。

——叶准

中国功夫门派众多，不论在形式上及风格上都大有不同，归根究底就是因为各门派拳术的思想及理念不同所致。拳法表现在外是其动作，但最重要还是拳法的理念，亦即是"拳理"。不同的拳理表现在外就是不同形式的动作、手形及马步，以致用力方法等等都大有不同。

咏春拳着重舍力、借力、以弱胜强、以柔制刚的方法。通过黐手的训练，练出良好的知觉反应及灵巧的步法。咏春的练习过程着重思考、变化及实践，练拳之余还必须思考，是近代最著名的拳法之一。

"以柔制刚"是咏春的中心思想。所谓以柔制刚，并不是指完全不用力，而是教你如何用小力胜大力，以快打慢，达到刚而不硬、松而不懈的感觉。练习的过程是由松柔开始，随着时间的练习而达至积柔成刚，以一百磅的石头和一百磅的棉花为例，咏春的力就好比一百磅的棉花那样，松沉而不刚硬。

咏春拳十分着重知觉的训练，通过黐手练习令手部感觉更加灵敏，透过感应对方的力向变化，继而作出防守或进攻。

另外，"中线理论"亦是咏春拳中强调的思想。除了要保护自己的中线，还要学习使用最简单、直接的方法来打击对方的中线位置，两点之间又以直线最快，因而咏春拳很着重两者之间距离的变化，即"子午线"理论。

咏春拳共有三套拳：小念头、寻桥及标指，练习方法主要是通过黐手锻炼、散手及离手练习。此外还有木人桩、八斩刀及六点半棍法。学习过程以拳套为基础，通过黐手练习使手部感觉更加灵敏，来感应对方力向变化，继而做出防守或进攻。黐手的练习就是应用拳套里的动作及理论，并从中纠正运用错误的手法，为所学的功夫注入生命力，而并非一式一样的死招式。

中国拳法特别之处就是在拳术中蕴含了中国哲学思想，特别是儒家思想，咏春拳法也是一样。咏春拳的哲理主张不与人硬碰，要做到舍己从人，借力打力，所以学习咏春，并不是单单学习拳脚上的功夫，更重要的是能够学习中国传统的哲学智慧。

1.1 咏春拳套

咏春拳套以简洁精要为主，每一个动作都是配合拳理而成，没有花巧动作。学习咏春拳的阶段主要分为：拳套、黐手及技击，拳套是练习的基础，亦是日后黐手练习的事前准备；黐手是由拳套到实战锻炼的过渡练习，并不等同于搏击。只有把拳套练好，得到良好的基础，才能把黐手练好；黐手练好了，才能灵活地于技击中表现出来。因此咏春拳的学习过程是先练习拳套，再学习黐手，最后到搏击训练。

咏春拳拥有博大精深的内涵。拳套易学难精，不能够在短时间内完全掌握。就咏春的三套拳套而言，看起来简单，但实际上把拳套融会贯通，还需要花上相当长的时间去理解及改正。

有人说，拳套是死板的，没有变化，但在实际应用时却千变万化，那么练习拳套又有何用呢？在实际应用时，应当追求无形限制的拳套，但是我们不可能一开始便追求无形的境界，必须先经过有形的练习阶段，练好这个阶段才可以真正踏入无形的境界。所以练拳是从有形到无形，而拳套就是形的开始，是锻炼基础功夫的必然门径。

小念头

咏春拳的三套拳套，按练习的先后次序可分为：小念头、寻桥及标指。小念头的意思是减少杂念，尽量投入练习。初学者需先学习小念头，并抱着谦虚及忍耐的态度习拳，切忌怀有一步登天或速成的想法。此基本套路的每一个动作都是日后的动作根基，例如黐手的大部分动作均是由小念头演变出来的。小念头既为学习咏春拳的基础，其重要性是可以肯定的，有所谓："小念头不正，终归不正。"小念头的动作简单易记，初学者亦可以自行对镜练习，但需要留意拳套里所包含的咏春拳基本技巧，务必认真学习，打好基础。

小念头分为三节，第一节主要是认识中线及功力的训练，第二节是学习发力的方法，而第三节则是常用的基本手法。练习时必须要放慢动作，因为动作慢的时候才能认真地练习，切记不可急躁，尤其是第一节里的"一摊三伏手"，更要尽量练至最慢速，慢而不间断，慢而不呆滞。初练习约10分钟，逐渐增至每次练习约30分钟，视乎练习者的水平，不可勉强。

寻　桥

咏春拳的第二套拳套为寻桥，即"寻找桥手"的意思。人本身是一个独立的个体，当你要攻击对方时，就必须把力打到对方身上，绝不可能隔空就把对方打倒，因此一定会有接触对方身体的一刻，这个接触可以有很多种方法，例如在头、肩、踭（粤语中指手肘或脚跟——编者注）、膝、手及脚部等等。而手的接触就好比一座桥梁把两者连在一起，故美其名曰桥。

所谓寻桥，并不是盲目地去追寻对方的桥手，而是要学会在桥手相接时作出变化。

在练习小念头的整个过程中，没有移动马步，到了练习寻桥，则强调转马的锻炼。转马是学会卸力的基础，转马要练得稳且快，才能真正达到卸力的效果。例如你用力推开一扇门，门被推开的一刻同时也卸开你的来力；但是那扇门能否卸开你的来力，关键在于门与墙之间的接合点是否稳健。如果接合点不稳，不单不能卸开力度，反而会使你倒在地上。运用转马能否卸开对方的来力有相同的道理，而寻桥里的转马膀手就是按照这个原理，所以腰马练习在寻桥里是非常重要的。

学习寻桥，除了学懂转马卸力，还有腰马发力，增强攻击时的爆发力。

标　指

咏春拳的第三套拳即最后的一套是标指，意思是当你以标指标向对方失败后，要学会应该如何处理。由于早期咏春拳不会公开授拳，加上标指是咏春拳的高级拳套，因此有"标指不出门"的说法，很有一种神秘的色彩。早期的咏春拳，是不会随便教授标指的，即使练习者学了很长一段时间，倘若功夫未达水平，师傅也不会传授标指。由于练习标指前，必须有良好的小念头及寻桥作为基础，如果急于求成，根基未打稳，结果只会弄巧反拙，有形而无实。由此可见，咏春拳的拳套是一层一层累积出来的，有了小念头的基础，才能达至寻桥的沉实稳重，两者练得好，才可以把标指的潇洒凌厉表现出来，而三者之间互相牵连、互相帮助。因此，虽然标指是最后的一套拳，却不代表学成或修炼的结束，反而是真正踏入拳术修炼的新开始。

练习标指的重点是要学会如何发力。标指里有很多动作是用以引导练习者如何将身体的力量在一瞬间统一地爆发出来，达到力贯指尖的境界。若要做到这点，就先要使身体完全地放松下来，到达最放松的状态，才可以发出最大的力。发力时，需要全身所有的关节一起运动，如果其中一个关节僵硬了或锁紧了，就会大大影响发力的效果。即使功夫有相当水平也很难把标指打得好，所以标指被认为是高级拳套之一。

1.2　黐　手

黐手在整个咏春拳训练里占有很重要的地位。黐手并不等于搏击，它只是学习咏春拳的途径，是一座桥梁贯穿拳套和搏击，通过黐手，双方练习者可以学懂搏击里所需要的元素。

由于黐手里的技术都是以放松为基础，练习黐手首要学习放松，放松这关功夫未练好，再练往后的拳法也是徒然。这里要求的放松不只是身体上的放松，更重要是思想上的放松。

练习黐手，应该先有正确的练习观念，否则便会形成敌对的心态，以致双方都不能进步和学习。黐手可以令双方进步，同时亦可使双方退步，全在于练习者的心态。黐手就是将两个"个体"连在一起，是力量的交流，通过黐手来感应对方力量的传递，从而练到借力及卸力的方法。双方在黐手时，攻击和防守不再独立，对方的攻击导致我的防守，而我的动

作亦因对方的动作而改变，但改变的动作并非预先设定或排练的，攻击和防守已变成一个有因果关系的整体。练习时要做到因应对方的动作而变，但要同时自保及反击，亦即是"舍己从人"及"连消带打"。咏春的手法讲求直接简单，借力打力，若要练好，应先由舍己从人方面入手。

另一方面，通过学习黐手可以把拳套里的动作灵活地应用出来，更实在地明白各个动作的应用、变化及用力方法。由于每个人的身形、体重和性格都不同，所以同一个动作在不同人身上会有不同的用法。通过黐手，双方互相研究，取长补短。在实际应用时，速度快是很重要的，但不只是肌肉伸展的速度要快，更重要的是位置及放松——有利的位置可以缩短攻击的路线，使动作变得更直接及敏捷。

1.3 内外门及四门

四门及内外门之说是指以人的心窝为中心打个十字，形成四个方位，即四门，上左门、上右门、下左门及下右门。另外，中门是指心窝向外的位置，而四门又分内外门。摊手、膀手等为上门方位的手法；低膀、耕手等是下门方位的手法；枕手是中门的手法。

内外门分自身的内外门及接触后的内外门

内外门手可以用自己手部与对方手部的接触点说明。以盘手来说，摊手处于对方伏手的内面，因此摊

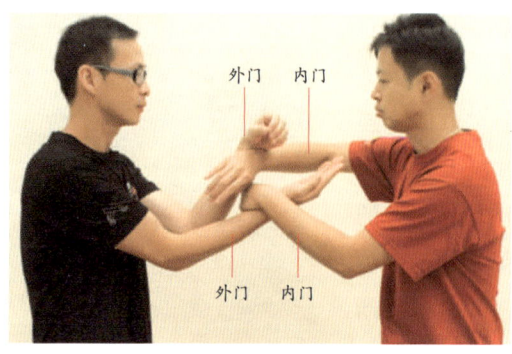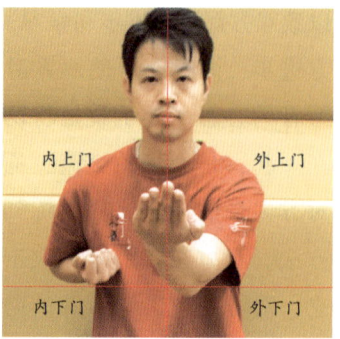

手是内门手；而相反，伏手则处于对方手部的外面，为外门手。这是最基本的理解。随着动作的变化，如果双方都以单手的摊手互相接触，而大家的摊手都是处于对方的外门，就会形成外门摊手，因而摊打有外门摊打和内门摊打的分别，所以在双方接触后的内外门不单只用手法来判断，亦有以接触点来判断的。

若不以接触点而用自身来判断，例如练小念头时，则摊手以外为外门，摊手以内为内门。而内门又处于人体的中线，是最多弱点的位置，所以练咏春时常强调埋睁（此处指手肘——编者注），就是保护内门不轻易被人进攻入内。

埋睁及定睁

将睁部靠往胸部中心（中线）位置，手睁需和胸口保持约一个拳头大小的距离，手睁及中指第一节骨位对着中线。埋睁后，睁部与胸部的正确距离应定位在约一个拳头大小的距离，太近则会失去防守能力（束桥），太远便不能发挥睁的力。定睁就是当你做动作时，手睁仍然曲手留中的意思。

1.4 中线与子午线

中　线

人的中线就是由头顶垂直到下阴的一条线。中线很重要，因为人体很多弱点处于这条线上，例如眉心、鼻梁、下颚、喉咙、心窝以至下阴等等。中国功夫重视中线的理论，而咏春拳更为讲究，若是学习过小念头的都知道，一开始就是教导找出中线的位置，打的日字冲拳也是朝着自己的中线打出去，以及往后的摊手及伏手，也是从中线缓慢推出。所谓"拳由中发，守中留中"，保护自己的中线而击向对方的中线，达到连消带打的效果。中线理论就是咏春拳理的基础，练拳先要明理，练咏春拳除了练功、黐手外，更重要就是思考、探索及领悟。

练习咏春拳的时候对着镜子练习，可以帮助正确地找出中线位置，让练习时的手位都能准确地处于中线上。以小念头为例，练小念头时，正身面向镜子，咏春的术语称为朝形，即是正面对着对方一样，这时候从镜子对着自己的中线练习等同于对着对方的中线一样，但在真实的情况里，对方会不断改变位置，所以便出现了子午线的理论。

子午线

何谓子午线？子午线是天文、地理里惯用的名词，子午线本身并不存在，只是在学术研究上需要假设的一条线，才被抽象地创造出来。例如在地球的经线由北极到南极画一条线，以伦敦格林尼治为零度起点，这线是本初子午线，或格林尼治子午线，即零度经线，实际地球并没有这一条线，纯粹是为学术研究而假设的，子午线的东西两边分别定为东经东半球和西经西半球。在功夫上，在对敌双方中线之间连成一条线，便是子午线。因中线是头顶垂直到下阴

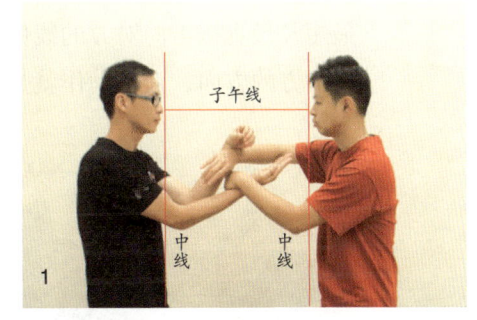

1. 中线90°前伸的方向位于大家的子午线上，双方处于平等的优势。
2. 当双方中线不相对时，子午线表示最短及最直接击向对方的线位。

的一条线，每一处都可作为连接点，可以产生出很多条子午线，重要的一点则在鼻尖相连的一条线。子午线就是你进攻对方最直接的引导线，在黐手过程中双方攻守不断交换、不停走动，因而会产生多条子午线。叶准师父曾经引用叶问宗师的话说，着重防守的人会守住自己的中线，着重进攻的人会看着对方的中线，而攻守兼备的人就注重子午线，可见子午线对了解咏春拳理十分重要。

当对敌双方面对面盘手时，大家的中线相对，中线90°前伸的方向位于大家的子午线上，在这情况下，大家基本上处于平等的优势，同时指向对方的中线又同时保护着自己的中线。

但当我位于有利位置时，如在对方的45°位置，这时大家的中线不再相对，因为我的中线仍是向着对方但对方的中线却不是向着我，这是绝对的有利位置，因为我的双手可以同时击向对方，而子午线则表示了最短及最直接击向对方的线位。在这种情况下，处于失利的那一方要朝回对方的方向，而这动作就是朝形。

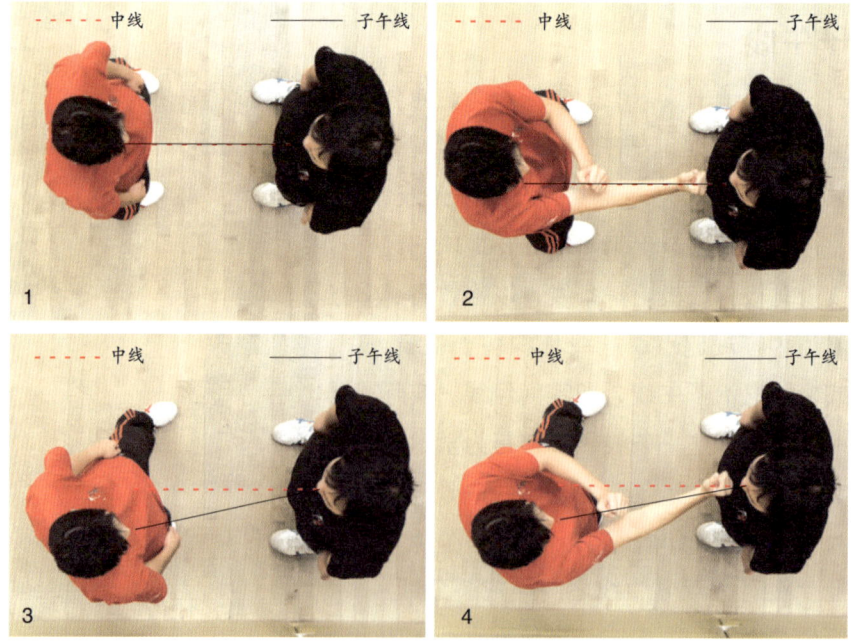

"正身以中线为子午线、侧身以对膊线为对方中线"解说

　　子午线就是自己的中线同对方中线相连的一条线，若正面面向对方，自己中线的方向也是指向对方的中线，即是与子午线重叠；当双方正身相对（互相朝形）时，就以中线为子午线（如图1及图2）。如果以侧身马面对对方，你的对膊线便会对着对方的中线；对着镜子练习转马扯拳时，镜子中对方的中线（即自己原本的中线）就变了自身的对膊位置，因而产生侧身马以对膊线为对方中线的理论（如图3及图4）。

第二部分
木人桩的概述

2.1 木人桩简介

木人桩是木制的假人，是一种练习功夫的辅助器具。自古以来，很多门派均有打木人桩的练习，当中不同之处在于木人桩的设计，加上不同门派的动作风格有异，所以出现了各种形式的木人桩。另外，由于不同门派对练习木人桩的目的不同，因此表现出来的形式也相异。

咏春的木人桩就活像一个真人，由三支桩手及一支桩脚组成。早期木人桩的安装首先要在地下挖出一个深洞，然后把大半桩身种入地底，只露出需要使用的部分，如同现今兴建楼宇需要打桩一样，故当时的木人桩又称为"落地桩"。在叶问宗师移居香港后，因居住环境所限，不能于地上挖洞，故出现现今常见的"担桩"及"弹弓桩"。

练习咏春木人桩分为三个阶段，每个阶段各有不同练习目的，是层递渐进的。木人桩法里的动作都是由三套拳演变出来的，所以弟子一般先学习完所有拳套，才开始学习木人桩法。

木人桩法分为八节，每节有不同的训练重点，而第一阶段是要练好整套木人桩法的动作，要重复锻炼养成身体惯性。练习之前，必须清楚了解所有动作的位置和用力方法是否适当，如果因动作不正确而使位置或用力方法出现错误，甚至会带来得不偿失的后果。

第二阶段是磨桩，即是把每一节桩法中最重要的手法抽出而不断重复锻炼，达到熟能生巧的地步。练习磨桩能使练习者更加明白桩法的应用，通过重复练习而达至出手成招的目的，但必须先经过第一阶段的位置训练，打好基础。

而第三阶段是要与木人桩做对打训练，由于木人桩本身不会移动及反应，故在与木人桩对练时，要加上个人的意念，把它看成真人般会对自己攻击，所做的动作才会有意思。只要心无杂念，加上适当的意念配合，木人桩便能带给练习者一个实质的感觉，使练习者可以投入与木桩对打而动作不会间断。练习木人桩必须长期苦练，加上清楚明白咏春拳理才可以达到如斯境界，而不是胡乱打桩。

打木人桩不用蛮力，越用力打并不代表打得越好，相反应该细心研究每个动作的位置含义，了解每个动作的变化，使打起桩来更加流畅，从而达到黐桩的境界。黐桩要黐得良好，必须先放松，才能使手部触觉灵敏，手部接触点能顺着动作变化而改变。在打桩时，双手于桩手上不停运动就是接触点在不断变化，黐桩就是要求这个接触点时时刻刻都在桩手上不停走动，每个动作之间没有间断，清脆灵活，打起来有如粘着整个木人桩一般。

除了注意劲点的变化，每一个动作也要配合腰马的运用，否则便会过于虚浮，自身不稳。

练木人桩不能急进，一些人急于学成桩法，却又不肯花时间仔细锻炼，甚至只模仿别人练习而不求甚解，结果只会错漏百出，完全失去练习木人桩的真正意义。

2.2 木人桩的结构

木人桩可分成上中下三个部分，上面两支桩手代表对方的左右两只手，中间的桩手可当作对方的拳或脚，而最下的桩脚则代表对方的脚。上面的桩手又有虚手和实手之分，即是有时接触到桩手，可当成是对方的手，这样的桩手为实手，亦有时候接触到的桩手并不代表对方真实的攻击之手，那桩手便为虚手。

中间的桩手指向己身的中路位置，可以看成对方来拳或脚的攻击。用低膀手时，可理解为对方用拳攻击；而用转马揿手时，可理解为对方用脚踢向自己，例如木人桩第七及第八节就出现了低膀手及揿手的不同用法。

最下的桩脚可看成对方的脚或马步，而桩脚会有个像膝盖的位置，也可以看作对方的膝盖部位。桩脚可协助练习攻击对方的下盘及步法。

练习时，并不是每一个动作都会同时接触所有桩手，有时只会接触一支桩手（例如练习第一节的45°摊手），有时亦会同时接触上、下桩手（如耕手及捆手）。没有接触桩手的时候，就等于那一刻对方的手不在攻击位置或对方没有做出那位置的攻击，也有可能是对方有攻势，但自己所站的位置已经在攻击范围以外。

桩手角度及距离

木人桩的三支桩手所指的方向各有不同，下桩手指向的是中线位置，当练习者跟木桩正面朝形时，下桩手也正指向己方的中线，而上方两支桩手则从中线向两边斜方向指出。练习时会因不同的动作而把桩手看成外门手及内门手，因此上桩手的角度不能太大。咏春拳讲求中线埋踭，大部分手形也需埋踭，如摊手、伏手、捆手等等，而练习木人桩的其中一个目的就是巩固手形的位置。如果上方的两支桩手相距角度太阔，练起来就不能埋踭，亦不能练出正确的手形，甚至会形成手踭没留中的弊病。理想的桩手角度是当练习者正身的摊手放于桩手内的时候，手踭留在中线位置。

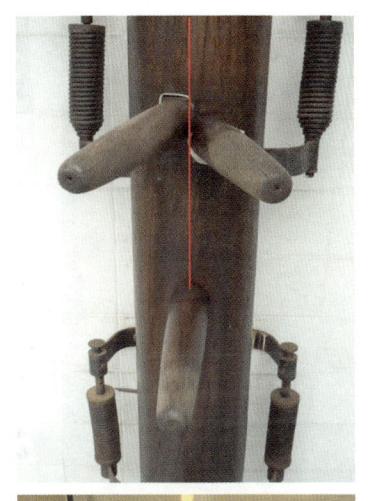

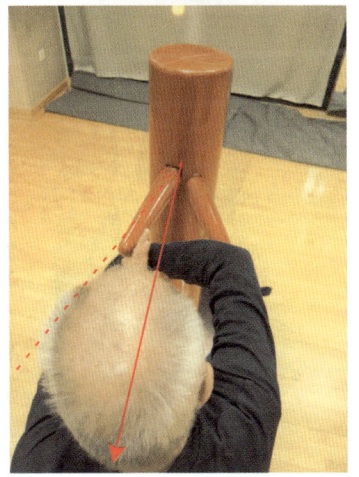

木人桩的虚手

木人桩的两支桩手向两边斜出，当练习者正面朝向木桩时，桩手不是指向练习者的。由于真实的对手会向练习者正面发拳攻击，所以

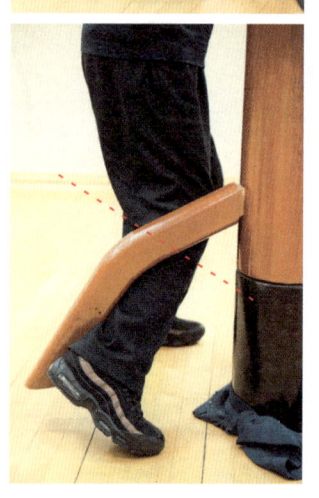

练习木人桩时,需要想象拳是由木人桩正中打出。桩法中一些动作所接触到的桩手并不是实际情况下的真正接触点,称为虚手。例如第一节的转马膀手,就是虚手,而走马45°摊手楔脚,则是实手。

人与桩的高度

由于练习木人桩其中一个目的是练出良好的位置,所以桩身的高度跟练习者要互相配合,过高或过低都不理想。如果桩身比练习者高,桩手相对较高,这样练习摊手时就会手踭浮起,造成练不到沉踭及结构不稳的后果;如桩身过矮,桩手指向自己的位置相应下降,那时做摊手或膀手时亦会过低,形成错误。所以练桩前,先要调校自己与木人桩的高度,才不会造成手形位置上的错误,一般上桩手指向自己心口位置而下桩手则指向腹部位置。

人与桩的距离

练桩前要先站好自己与桩的距离,距离应为双手打向桩身时,手踭仍保持微曲的状态。曲踭是指在接触桩身后仍有发力的空间,如果所站位置太后,手部接触桩身时手踭过直,就无法做出曲手沉踭,这样即使打向桩身,也没有发力的距离,甚至会因为想打到目标而导致身体向前倾的大忌。所以初学木人桩,必须把握好自己与桩的距离,这对日后的学习影响深远。

桩脚高度

最理想的桩脚高度是要配合自己的膝盖位置。木人桩法里有楔马撬脚的动作,其中自己的膝盖内弯需与桩脚内侧互相紧扣，所以过高或过低都不可以。而桩脚的角度要大于90°，过窄的角度会影响楔马及撬马的练习效果，亦难于用圈马楔入桩脚内。

桩手不要太滑

打桩有种黏啜着桩手的感觉，称为黐桩，所以桩手不应过滑。当然练桩日久，木桩吸入了汗水会使桩手变得顺滑，但这种顺滑又跟涂了油漆的顺滑不同，因为油漆会令桩手过于顺滑而影响打桩黐着桩手的效果。除此之外，桩手的形状以圆形为好，有助黐桩，圆滑的桩手如同真人手臂，而采用起了方角的桩手练习则会影响流畅度。

2.3 学习木人桩的目的

在学习木人桩前，首先要明白的是打桩的目的、学习目标及注意事项。了解清晰后再开始练习，才可得到最佳效果，若抱着纯粹为了打桩而打的心态，只会浪费时间，徒劳无功。

练习咏春的木人桩分三个阶段，第一个阶段就是八节桩的固定打法，第二阶段是把每节重要手法反复练习（磨桩），最后阶段就是跟木人桩做意念交流的练习，把木桩看作真人，没有固定的招式动作及次序。

咏春的木人桩法分为八节，头六节均以手法为主，最后两节则以脚法为主，而所有的动作、手法，其实都是由咏春的三套拳——小念头、寻桥及标指里的动作演变出来的。学习木人桩，最重要是可以练习以下七点：

良好的位置

咏春拳注重位置的准确。在木人桩法中，其中一个练习重点是学习良好的位置。木人桩的手脚位置都是固定的，这样限制了练习者的动作，令其位置不增加或减少。熟练桩法之后，即使没木桩的规限，亦能准确做出正确位置。

练桩时，会经常围绕整个木桩走动，有处于木桩45°的后马、斜向木桩的正身马、朝形时的正身马及侧身马，例如在第一节里的走动。这些位置的练习，可以教练习者理解对敌时攻击及防守的有利位置。而取得良好的位置很重要，除了可以减少被对方击中的机会外，更可缩短攻击对方的路线，打下最快速的效果。如黐手时，不单要避开对方的攻击，还要同时走到有利的位置作出反击，达到连消带打的效果。

由于木人桩不会走动，练习者可以清楚掌握对敌位置的组合而不会感到压力。经常练习，可以使自己更清楚哪处位置有利、哪处不利，从而改进自己，达到良好的位置基础。

熟练的手法及巩固"形"的结构

手法有攻击及防守两种。咏春常见的手法有：拍手、擸手、膀手、耕手、捆手等等。

通过练习木人桩，可以练习手法。木桩提供了重复练习的机会，能使你的动作达到熟练、顺畅的地步。完成了打桩的第一阶段后，学会并熟练整套八节的桩法，就可进入第二阶段的磨桩，不断重复练习每节重要的手法，例如第一节的45°位置的拍擸打攻击，通过不断重复磨练，令使用时无论腰马发力、速度及力量都能收到显著的功效。

咏春拳里有多个动作，如膀手、摊手、耕手、捆手、拍手擸手等，在交错运用的时候可以产生许多变化及组合，形成不同的技法，所以练习这些动作的基本功是很重要的，如果这些动作本身练不好，那就很难做出变化。练习木人桩提供了一个假想敌的练习机会，不断重复练习一些常用动作，稳固动作上"形"的结构。

步　法

木人桩的八节里包含了咏春的步法，如进退马、标马、圈马及转马等，多练习会使手形及步法更协调，上身与下身配合更顺畅，连为一个整体。加上，对敌的距离跟位置亦全取决于步法的运用，所以在木桩上练习步法，可以获得一个更实在的感觉去衡量适当的距离。

启发性

咏春拳是一套着重拳理的功夫，没有既定的动作，亦没有必胜的绝招，想要练得好，必须多思考及钻研。木人桩给予练习者一个思考的平台，练习者可以借助木桩来衡量在不同情况下，自己的位置相对敌方的位置有何优势或劣势等等。这种自我思考的练习能增强对拳理的认知，及加深了解攻防时的有利时机位置，而做出适当的反应。

增强腰马力

虽然咏春的打桩方式强调黐桩而不是用蛮力敲打，但是在打桩过程中有实在的着力点，木桩会产生反作用力，练习者要有稳健的马步才可保持平衡且不会被弹开，因此学习打桩可以练习马步。此外，有一个错误的想法以为打桩是为了锻炼桥手的坚硬程度，其实打木人桩并不是用蛮力撞击桩手的，练习时要有正确发力点才会令练习更加实在，仿似用于活人身上，使腰马发力及接触点能互相配合。加上不同的动作有不同的用力方法，有的需要压逼，有的是轻触和黏带，亦有发力打击。日子有功，腰马和手脚结构亦会变得更加坚韧有力，得到整体的锻炼效果。

随时练习

木人桩的其中一个好处就是方便随时随地练习。练咏春拳以黐手为主，跟人黐手越多，进步越快，但当没有练习黐手的对象时，木人桩就是最好的对手。虽然木人桩只是木头不会动，练习者可以随心所欲地任意攻击，它都不会反抗，不像活人会闪避、反攻及做出不同变化来应付攻势，但在练习时也必须要把它当成活生生的真人，做一个有意念交流的练习。

组合性的攻击练习

咏春拳虽然没有固定的招式对拆，但是在木人桩法里收藏了一些组合性的练习，而这些组合性的动作是为某一情况而设计一连串的攻击动作。由于对方的动作是不可预计的，所以在练习时不应生硬地按照桩法一式一样地做出来，或是刻意找设计的位置然后照着使用，应该是遇到合适情况才使用。当在木人桩上已经反复锻炼至纯熟时，一旦遇到某个情况，就会自然使用适合的手法，相反，若是刻意想用某些手法，就可能因时机或位置不对而令自己吃亏。

2.4 黐桩

和练习黐手一样，练习木人桩时亦需要黐桩。黐桩是指打桩时，手与桩的距离减至最短，做到黐着桩手无空隙，来练习手的感觉，既无撞击的感觉，亦无甩脱的毛病，使手部无时无刻不与桩手连成一体，紧密接触，感觉就像与真人黐手一样。整个过程如同控制对方，要做到完全黐着的这一点，要放松身体来练习，若是绷紧关节或用蛮力打桩，是不可能打出这效果的。

手部与桩的距离减至最短是很重要的。木人桩本身不会动，亦不会还击，但是真正的敌人不会像木桩一样呆站不动。如果打桩时手部离开桩手时间越久，即是对方有越多时间及空间来攻击。另外，人体的关节活动范围亦有一定限制，因此一些动作无法完全做到如同黐桩一样的效果，总会有甩脱的瞬间。练习打桩时，要尽量缩短手部离开桩手的时间，才可以控制对方、感觉对方，达到连消带打的效果，在实际情况中亦能运用自如。

黐桩要黐得好，其中重要的元素是要"松"，这不单单指身体上的放松，更重要的是大脑的放松，即精神上的放松。这和黐手一样，若黐手时精神过于紧张，身体出现不协调的情况会较频密，甚至会有抵抗、顶撞的现象。要消除这些弊病，在练习时必须先要放松大脑，才可有黏黐木桩的感觉，像是玩花式篮球的高手能使篮球在身上流畅游走，毫不甩脱，完全控制自如，随心所欲。而打桩也是一样，黐桩就如同黐手般，要控制对方，所以黐桩黐得好，在旁人眼中就如同与真人黐手一样，圆滑顺从，行云流水。

大脑放松与否，会大大影响关节的放松，继而影响打木人桩时黐桩的效果。打木人桩时，我们经常围绕木桩走动，配合手脚的动作及变化，完成整套桩法。如果关节紧张僵硬，走动时就会生硬、不圆滑，甚至有手脚动作不协调的情况出现，打出来的桩法断断续续、不顺畅也不连贯。大脑控制着人体的神经系统，如果大脑处于紧张状态，肌肉关节随之受到牵连而变得紧张及不灵活，会严重影响身体的灵活性及协调能力，同时容易作出错误判断。同时，过度紧张亦会给健康带来负面影响。因此先要放松大脑，才可做到关节放松。

另一个可使关节放松的方法就是去了解每个动作活动时关节转动的变化。打桩并不是真正的打架，有其练习目的。同一个动作，为何有些人只动了两个关节，而有些人却动了全身的关节呢？运用越多关节可以令动作更灵活、圆滑，发力更好，更能黐桩，所以练习时应仔细了解每个动作的变化，以及其中所需要关节的变动，继而重复练习，尽量使全身关节同时转动，这样打桩时可以更顺畅，亦可通过打桩锻炼身体的协调性及灵活性，达到黐桩的境界。

黐桩除了可以训练手部触觉灵敏外，更可练习以借力及御力的技术来控制敌方。要能够黐着对方的手，才可感受对方来力的变化，先做到这一点才可以练习借力、御力及连消带打的变化，倘若连对方来力也感觉不到，又何谈借力、御力呢？黐桩可以帮助加强这方面的练习。另外，练习黐桩能让自己明白面对不同的实际处境应如何反应。如上述所说，若是离开桩手太久，在实际情况下对方已作出反击，因此要练习做出合适的反应。最后一个重点，黐桩可以加强全身关节的运动。以一只手黐着木桩来练习较容易，但要达到黐桩的目的，双手要黐着木桩来练习，那就必须配合灵活及协调的关节转动。

2.5 打桩、朝形及追形

咏春拳的拳理都以中线理论为依归，然而中线理论亦要配合朝形才能发挥作用。朝形是指朝向对方的意思，当两者正面相对而站时，大家

  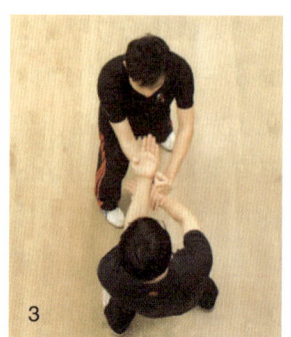

互相朝向对方；当双方不是正面相对时，面向对方的那位便是朝形，相反另一位便处于失形状况。在失形状况下的位置相对较差，或已被对方抢占了有利位置，为了弥补这劣势，务必再次朝向对方取回有利位置。在失形的情势下，再次朝回对方的动作便是追形，而追形也有不断追向对方的意思。

搏击时，取得有利的位置很重要，而好的位置是取决于朝形及追形的功夫是否良好而定的，练习木人桩其实是不断地练习朝形及追形。木人桩的每一节开首均是正面与木桩相对而站，代表一开始时自己与木桩互相朝形。理解到这一点对明白木人桩的桩法及应用相当重要，因为这样才会清楚知道自己跟木桩的位置应如何安排，它的攻击路线如何变化，以及自己应该如何走动来配合。木人桩第一节就是不断练习位置的走动、朝形与追形，在第一节的45°摊手位置就是自己朝向对方而对方处于失形状态，多练习这个位置对己方有利。同时亦要理解木桩虽是死物，练习时要幻想它会动，即使木桩在失形下也会追形朝回己方攻击，若是它朝回己方或走到己方的45°位置，就会变成它朝形向我方而我方处于劣势，要从失形中朝回对方，才会有正身耕手的出现。

在练习木人桩法时，先要明白自己何时是朝形，何时是失形，及怎样去追形，对于理解整套桩法有很重要的帮助。

2.6 磨 桩

磨桩是练习木人桩的第二个阶段，是练习木人桩过程里一个很重要的环节。磨桩把每节重要的手法不断重复练习达到更熟练的境界，也是木人桩法里重点的技击方法。当八节桩法已经熟练后，便可进入磨桩阶段。

磨桩共有八节，但是动作及手法跟原本八节的动作略有不同，可说是每节的精要动作演变出来的结果。在第一阶段的八节桩法里，每节的打法都是一个过程，动作一个接一个地练习，而磨桩就是不断磨练每节重要的攻击动作，主要是练习攻击的手法及脚法的变化，亦有位置走马的磨练方法。每节磨桩动作都是依据桩法的重点理念而演变出来的。

磨桩是木人桩法技击的精粹，是前人技击经验的成果，除了重点练习最实际的攻击手法外，还能加强整体攻击性的威力及爆发力。没有第一阶段的根基，不能练习磨桩；而没有磨桩的练习，亦难以发挥木人桩法的实际威力，两者相辅相成。不论手法多纯熟、位置多有利，若没有稳扎的腰马配合，或不懂如何发劲，都只会徒劳无功。好比一个足球员控球技术十分了得，也需要在适当的时候准确无误地发力射球，才能达到最终目的，打木人桩也一样，磨桩就如同在最后的关头从不同角度发力兼准确无误地射球。

2.7 打桩与意念

打木人桩时，有些人会循规蹈矩地打出整套桩法，虽然没有错漏，但是看起来总是

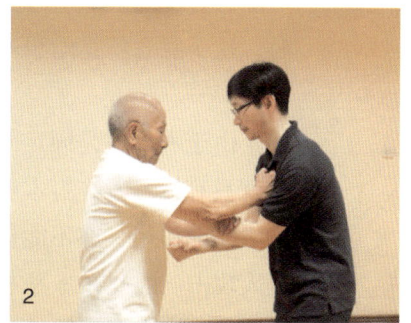

觉得有所缺乏。有些人打起桩来却很有生气，就像跟真人对练一般有来有往，究竟原因何在？关键就在于打桩时有没有加上意念。意念就是打桩的灵魂，没有加上意念的打桩方式，并不是全面的练习木人桩方法，亦得不到打桩应有的效果。

简单来说，意念是一种想象力。例如在练习小念头第二节的按掌时，向下按的动作要慢，感觉到尽头即发力，这里对于"慢"的理解就如慢慢地按一个球下水。当加上这个意念时，自己的手自然会减慢，还可能会感到轻微的阻力向上浮现，这就是意念的帮助。在练习木人桩时，这个意念就是幻想木桩是活生生的真人，会向你攻击而不是待着不动的。

由于木人桩是固定的死物，完全不会变动及还击，如果练习时根本上就只有练习者在打木桩，这样的练习就不完美，动作只是单方面的而失去实际作用，亦不能提供危机感，因为真正的对手绝不会毫无反应地任人攻击。因此在练习木人桩时需加上意念，要幻想木人桩是活生生的，它的手与脚会以不同技巧向自己还击。加上意念去打桩，练习就会变得有效。例如在打桩时，由一个动作变至另一动作时，可以幻想对方做出某种攻击，故自己要以另一动作来回应，这样的练习才会实践桩法的运用，有助理解桩法动作内更深层的含义。

加入意念的打桩方式分为几个阶段，如最初的116式，练习者要首先学懂全套八节的动作，待动作熟练后，身体和动作能够互相配合，亦明了这八节内每个动作的意义，之后打这八节时加入意念，幻想木桩是有生命的，这样每个打出的动作都有攻防意识，如此练习才能收到实际效用。另一例子是练习转马耕手时，可以幻想对方真的从中线向自己打来，因而需要转马用耕手作防护，为转马耕手的动作加入意念。把意念推广至八节的每个动作里，能丰富整套桩法的内涵及增加实用性，胜过盲目地练习却不知原因。

加入意念的阶段并不是打桩的最终目的。这八节有固定的打法，不论练习多少遍，动作是不变的，练习有助建立良好的根基，在动作、腰马及手法运用上都可以取得练习功效，但如果不超越这八节的固定打法，便不能提升练习功效。熟练八节后，要学习脱离惯性的打法，把木人桩看作可随意出击的对手，自己因此相对地回应，因对方变而变，出手成招，形成人与木人桩之间实在的互动。打桩的最终目的是与木人桩做意念的交流，如同与真人对练，又像与影子打拳一样，使用桩法时得心应手。

加上意念的练习并不是一成不变的，而且运用不好可能会造成错误。意念是会变动的，就如无法预测人的动作一样，倘若练习者认为对方一定会用某一打法而强加这样的意念来练习，只会钻进死角，弄巧反拙，因此一定要清楚动作的变化和自己身处的环境而做出相应的行动。例如在木人桩第一节的擸颈动作，可以看作是单一的擸颈动作，加入意念运用后，就变成当我方攻击对方头部时，他以侧头闪避我方的中线拳，我方即时把拳头转成擸颈手顺势继续攻击。

2.8 木人桩的应用

技击是武术的灵魂，各功夫门派的技击方法有异，取决于门派本身的拳理及理念，不同的理念衍生出不同的手形、步法、马步、攻击方法及用力方法等等，各有长处及不足。当学习技击及用法时，最重要的是消化当中的含意，灵活变通地运用。牢记招数的手法或位置的技法，只会钻入死胡同，被固有的招式困扰，反被功夫驾驭自己而不是自己运用功夫，更莫论应用功夫上的变化。

真正的学懂招式，并不是指在示范时可以流畅地作出动作，因为这些招式是预先编定的，当中没有变化，而是在一个没有预定的情况下，能够自然地运用功夫，这是基本的应用。此外，还要尝试在不同的对手身上运用手法。以简单的拍手冲拳为例，可能在某一对手身上能够运用，但换了另一对手便不能，这是因为每个人的身形及反应都不一样，所以对于不同对手要做出相应的变化，这关键在于练习者是否熟练动作。对某动作熟练以后，熟能生巧，自然可以因不同情况而作出相应的调整，达到同一目的。

熟练之后，就要学习"变"。功夫既没有固定的招数，也没有必胜的绝招，因此懂得变通是很重要的。除了用法上的变更外，还有的是在使用动作失败后要如何弥补或借势再攻等等，"拳打千篇，自然会变"就是这意思。

　　打木人桩的三个阶段，第一阶段是八节的固定打法，第二阶段是重点练习（磨桩），第三阶段是随心而发地打桩，意念的交流。这三个阶段是层递的，而八节的桩法既是第一阶段亦是之后变化的根基，因此必须熟练。在八节桩法里，每节都有不同的技击用法，有些以位置取胜，有些练习连环动作，亦有采用不同角度的脚法，每一节亦有一定的动作拆解及教授练习者如何运用。最重要的不是学会招式后，一成不变地用于真人身上，而是理解每个细节的运用和含义，加以消化，灵活使用，达至真正学懂桩法的目的。

第三部分
木人樁法

引 言

木人桩是咏春的一种练习器具，在没有练习对手的情况下，木人桩就是练习咏春技法的一个好对象。木人桩法分三个阶段完成，由浅入深，就第一个阶段而言，八节桩法各有训练主题。

第一、二节桩法主要围绕木人桩左右两边，以不同马步做走动的训练，其中45°的走马楔位是重点所在，如抢占到对方45°角的位置，对己方的攻防则十分有利。为了准确无误地达到这个效果，第一、二节的练习尤其重要。此外，由45°楔位转回正身耕手则是用来弥补被对手抢占45°位置的技法。

第三节桩法以拍手开始，拳套中有拍手动作，木人桩法也有。木人桩里的拍手有另一套方法，而且亦分内门拍手及外门拍手，即正身拍手与转马拍手。这节桩法能令练习者对以上两种拍手有正确的理解。脚法亦在第三节中初次出现，拳套的脚踢为练习者打下基础，在这节中加入走马45°侧身脚，进一步提升技巧的难度。

第四节桩法学习咏春"推"的方法，为下一节的抱琶手作准备。第四节中有另一式脚法，相比第三节的45°侧身脚，此节的走马90°踢脚，行走的步法角度更大，是针对人体膝关节构造而设计的攻击技巧。

第五节桩法的重点是练习咏春的抱琶手，当中包含各种不同手法、角度、手型等变化，在磨桩阶段会做更全面的训练。

第六节桩法由耕手开始，学习配合转马、擸手上颈及揿手上颈等招式。前半部分的每一动作均需要运用转马达至最佳效果。45°的踢脚在前节中已出现，但这节的45°踢脚需要转换另一只脚踢出，即是走左边用左踢脚，走右边用右踢脚。这种训练让练习者学习左右脚流畅转换，灵活运用双腿，使踢击的覆盖范围更广阔，角度更刁钻，令对手难以闪避。

在第七节桩法里，练习者学习移步直踢变化为转马低踢的连环脚法，以及以转马揿手应付前踢及消踢以后的连贯动作。

桩法的第七、第八节均以脚法组合为主，前半部分是练习摊手与低膀手的交叉运用，后半节撇手踢脚中的撇手动作，与拳套中的运用不同。这节的撇手配合不同的技法，攻击对手从上到下各个不同部位。

学习全套八节木人桩法后，练习者应勤奋练习，在熟练及掌握八节木人桩法的动作后，练习者才可以迈向更高层次的训练。

木 人 桩

第一节及第二节

　　木人桩的第一、第二节的动作基本相同,只是第一节由左至右开始,第二节则由右至左。两节的拳理及训练目的一样,只有少许的手法有别。

第一节 示范

1. 左手在前,右手在后成护手。

2. 左手向上提,成左托手。

5. 右膀手黐桩转摊手,同时身体成45°朝右面向木桩,右脚紧贴桩脚。

6. 左脚不移,右脚退后成正身耕手。

3. 右手由左手背穿出，同时转右马，成右撇颈手。

4. 右手收回成右膀手。

7. 右脚标马，左脚跟随成侧身捆手。

8. 左底膀手翻上成左摊手，右手变前手，同时身体成45°朝左面向木桩，左脚紧贴桩脚。

9. 右脚不移，左脚退后成正身耕手。

10. 右手圈手，左手耕手，同时标马，以侧身马朝向木桩成捆手。

13. 双手同时转做双托手。

11. 右手圈手成正掌打向木桩，同时左手成窒手，身体由侧身马转正身马，成窒手正掌。

12. 双手同时做窒手，成双窒手。

第二节 示范

1. 右手在前,左手在后成护手。

2. 右手向上提,成右托手。

5. 左膀手黐桩转摊手,同时身体以45°朝左面向木桩,左脚紧贴桩脚。

6. 右脚不移,左脚退后成正身耕手。

第三部分 木人桩法 41

3. 左手由右手背穿出，同时转左马，成左擸颈手。

4. 左手收回成左膀手。

7. 左脚标马，右脚跟随成侧身捆手。

8. 左手成摊手，同时身体以45°朝右面向木桩，右脚紧贴桩脚。

9. 左脚不移，右脚退后成正身耕手。

10. 左手圈手，右手耕手，同时标马，以侧身马朝向木桩成捆手。

13. 双手同时转做双托手。

第三部分　木人桩法　43

11. 左手圈手以底掌打向木桩，同时右手成窒手，身体由侧身马转正身马，成窒手底掌。

12. 双手同时做窒手，成双窒手。

45°楔位的走马动作

木人桩第一节和第二节这两节主要是围绕木人桩左右两边45°，即共90°的马步训练，当中包含不同马步，如侧身马、正身马、圈马、楔马、标马等等。当中45°楔位尤其重要。熟练各种马步的移动，能更易取得有利位置，控制对手。

1. 以侧身膀手向木人桩。

2. 先移左虚步到木桩45°位置，膀手同时黐着桩手转动。

3. 45°位置，重心放到左脚，右脚楔马。

4. 楔马与摊手动作在同时间完成。

45°楔位的走动过程是先移虚步到距离木桩45°位置，然后再把原本的重心脚圈马楔到桩脚边，膀手同时黐着桩手转动成摊手，不离不顶，使整个身体成45°朝向木桩，楔马与摊手需要在同一时间完成，完成后，重心仍在后脚。

45°摊手示范

45°楔位摊手这动作需要身体与木桩成45°位置。

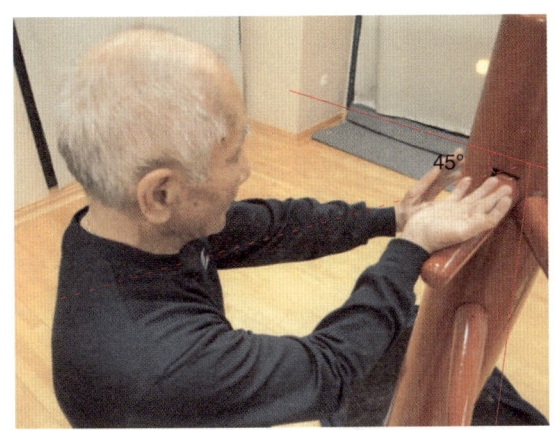

45°摊手时护手与底掌的分别

45°楔马摊手和护手这一动作,以往的动作不是摊手和护手,而是45°楔位摊手打底掌。叶准师傅将原先打底掌更改成护手的原因,主要是由于木人桩的桩手比真人的手短很多,而前脚楔着桩脚亦限制了练者于固定的位置和距离,在木人桩练习这动作时,用底掌尚可打到木桩,但身体仍免不了微微前倾。当实际运用时,人手比桩手长,加上楔脚这个因素,因此距离会比练习木人桩时拉得更远,打底掌的手不如在木人桩上练习般能击中目标,若硬要把手伸长打到对手,身躯便会往前方伸出,以弥补不足的长度,形成身体前倾,破坏马步的重心结构,令平衡不稳,不但攻击的效果欠佳,更严重的是会给予对手反击机会。

1. 在45°楔位摊手和护手位置时,重心十分稳定。

2. 45°楔位摊手打底掌时,身体微向前倾。

正身耕手位置

正身耕手的走马过程，是从45°摊手开始，重心脚不移，把前脚移后微微转马成正身耕手位置，双手转耕手的过程是以最简短路线完成，故双手最忌收回再变耕手，应在原本位置直接转做耕手。

1. 45°摊手楔马向木人桩。

2. 脚移后成正身马，双手以最短路线成耕手。

3. 正身耕手只是从木桩的侧面正身朝向木桩，并不是45°朝向木桩，与45°楔位位置不同。正身耕手是反客为主的手法，使自己从失利的情况下重新调整位置，使自身重夺有利位置，处于更稳健安全的状态。

 ## 捆手正掌

由捆手到正掌时，右手的圈手动作是完整做一个圈的，而由圈手到正掌的整个过程中，手腕全程都是黐着木桩桩手，到最后打正掌时，手的外侧也是黐着木桩手的内侧从中线打出，当一只手正在做圈手的同时，另一只手就转做耕手，身体同时转马，直至圈手完成做正掌的一刹那，耕手才转做窒手，同时身体转马成正身，形成窒手正掌。

捆手底掌

由捆手到正底时，左手的圈手动作是完整做一个圈的，而由圈手到底掌的整个过程中，手腕都是全程黐着木桩，直到最后打底掌的时候，手部就不需黐着木桩，当一只手正在做圈手的同时，另一只手就转做耕手，身体同时转马，直至圈手完成做底掌的一刹那，耕手才转做窒手，同时身体转马成正身，形成窒手底掌。

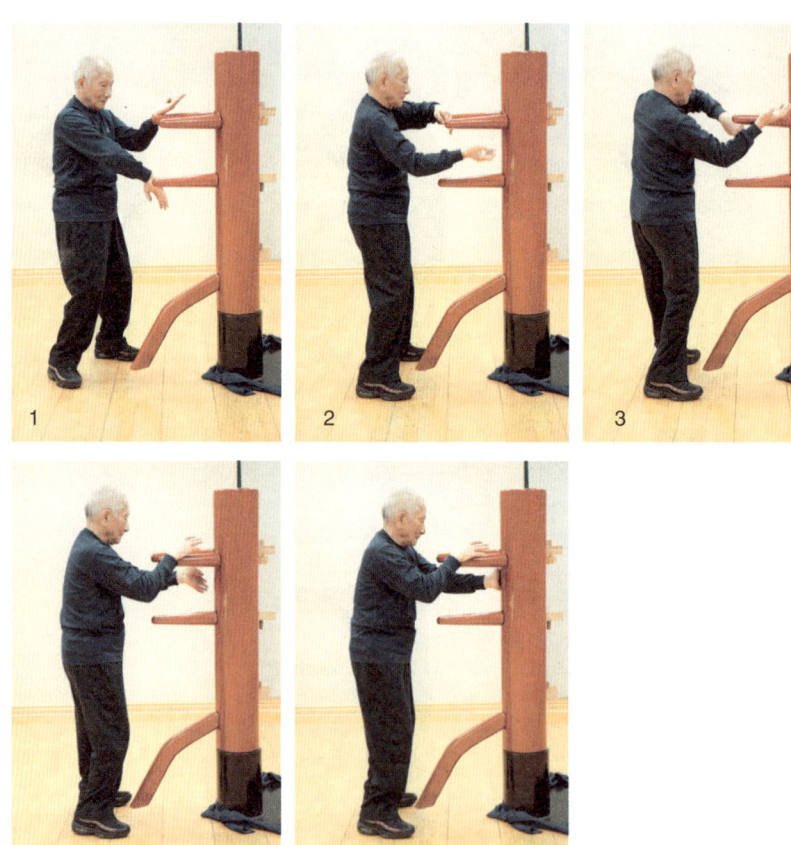

重点 5　捆手位置

转马捆手的位置是 45°转马朝向木桩，重心脚那边手的成低膀手，另一只手则成摊手，组成捆手，目的就是在转马时，配合双手同时滚出。在木人桩上练习，是巩固位置架构，所以切忌用力向左右两边撞开，应该是逼啜桩手，就是像两个气球互相啜着一样，在做捆手的时候，摊手的意识在手的外侧。

重点 6　膀　手

转马膀手是身体转向 45°侧身马的同时，重心脚那边手做出膀手，另一手摆出护手，转马膀手就是马步、身体及膀手改变方向形成有利的位置，放松膀手，消卸对方的来力，不是猛力撞开对方来手，反而是要留着对方的手，双方两手互触，我以知觉感应对方下一步行动，收抢敌先机之效果。面对木桩时，拳的来势其实是由木桩中线发出，而非实际接触的那支桩手，木桩的手并不是真正发出攻击的地方。

从不同角度观看膀手

  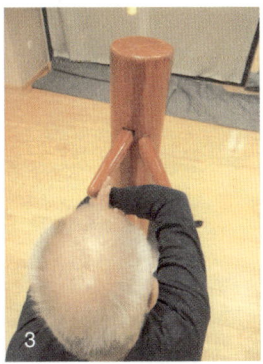

 ## 虚手与实手

现实中的对手会向你正面发拳攻击,故在练习木人桩时需要想象拳是由木人桩的正中打出。因为木人桩设计的限制,不同手法所接触到的桩手,并非一定是真实的情况,固有虚手实手之分,有时接触到的会是实手,亦有时会是虚手,而在第一节出现的膀手动作,手腕接触到的那枝桩手便是虚手,相反在45°楔位时摊手接触到的那支桩手,就是实手了。

练习木人桩要清楚认识虚手和实手,否则便会造成对桩法错误的理解了。

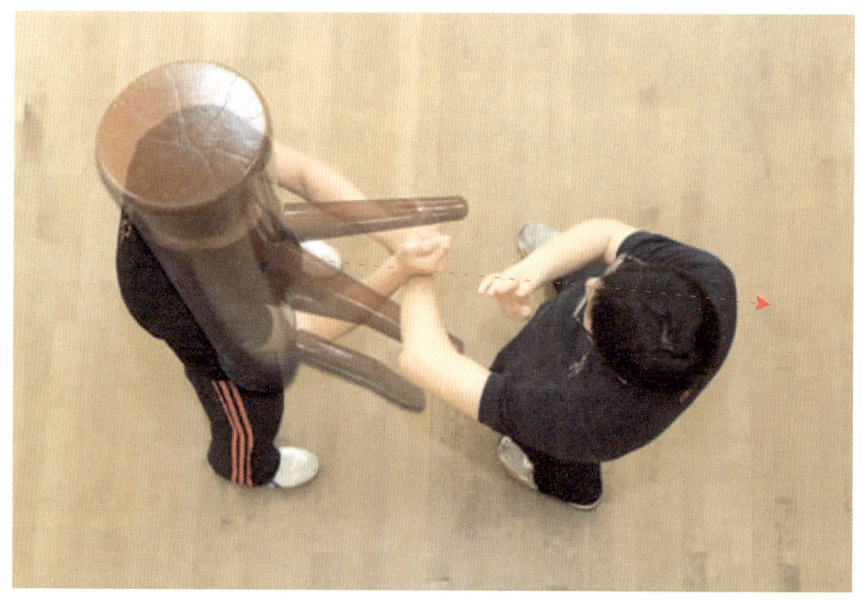

 ## 标马捆手

由正身耕手到侧身捆手,下耕手翻上成摊手,上耕手转低膀手,注意两手要以最短、最接近的路线进行,才符合黐桩的原则。马步移动过程叫标马,标马是以前脚带动,后脚追随而成,重心处于后脚,重要的是捆手和标马的动作要同时完成,形成一个整体的动作,使力量更加统一。

 ## 楔　脚

楔脚,是配合圈马而成的,重点的是要注意脚的外侧要贴着桩脚,有轻微逼着的感觉。除了手部注重知觉外,脚亦一样可凭感觉探知对方动向。

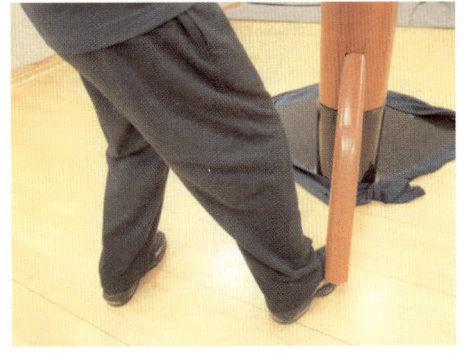

应用解构

一、擸颈手应用示范

擸颈手有不同变化,可从内门上颈,亦可从对手外门入手,亦会因对方两拳连击,而我后占先机,从中线逼开来拳,或击面门,或擸颈控制对手,用法多变,视实际情况及使用者而异。

1. 对方以直拳攻来,我抬手往上托,格开对手袭来之拳。

2. 我以另一手以冲拳由中线打出,直接击向对方面门,对手急忙侧头闪避,使冲拳落空。

3. 我拳正置于对方颈旁,随即变招,由冲拳化为擸颈手,攀附对方后颈,猛发室劲擸下,令其丧失平衡,头部往下落,我配合此势,冲拳往上打向对方面门。形成互撞,加强打击力量。

二、内、外门捆手位置示范

1. 内门捆手俯视:甲向乙中线进攻,乙转马手摊手摊向甲右手内侧,右手低膀膀甲左手,以内门捆手消卸甲方。

2. 外门捆手俯视:乙向甲中线进攻,甲转马右摊手摊向乙右手外侧,左手低膀膀乙右手,以外门捆手消卸乙方。

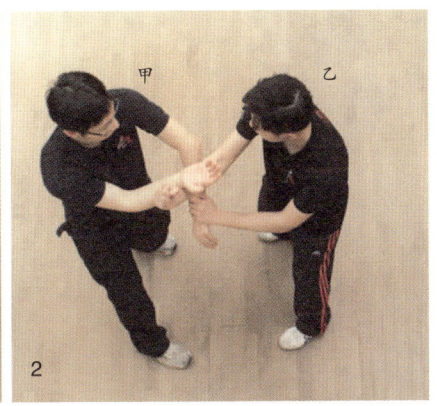

三、45°楔位应用示范

对手冲拳打来，叶准师傅立即走动马步，以第一节中的45°楔位技巧，抢先占据有利位置，使先机尽在己方。

对方侧面被占，左拳距离过远不能反击，右手因在叶准师傅摊手所看管控制下，活动空间减少，亦不可抽手离开令自己即时受到追击，因而试图用力反压。

叶准师傅借力打力，左手拍手拍开对方施力右手，对方力量突然失去着力点，身体即时前倾，面部已同时被打中。

假使对手不顾一切使用左拳穿出，打向叶准师傅面门，两手便会立时形成交叉手的不利状态，而反受攻击。

45°楔位使自己处于最佳的结构位置，过与不及都会使自己不平衡，因此必须准确熟练。在45°这个位置上，自己的双手都是朝向对方，即是说双手都处于能攻击对方的位置之上，有以一制二的优势，相反对方的双手就处于落空的位置，这个位置

能使对方有咄咄被压逼之感。

当处于对方45°有利位置时，对方同时亦会感到危险，这时对方会想逃离这困局，他或会退马调整位置，或会用力逼回我方，使我有借力反打的机会，或乘他逃走之时顺势追马拍打。

从上方往下可清楚看到45°位置的重要性，于此位置双手都在能攻击对方的范围里，掌握着情势，反观对方双手都被带到另一旁，行动完全被控制。

木 人 桩

第三节

　　木人桩第三节主要分两部分,就是内、外门的拍手动作和拍手之后的处理。另外亦有 45°侧身脚的练习。

第三节 示范

1. 正身右手向左拍向桩手，成左内门拍手。

2. 正身左手向右拍向桩手，成右内门拍手。

5. 由左外门拍手成杀颈手。

6. 左手返手索落，同时身体转回正身马打右底拳。

3. 正身右手向左拍向桩手,成左内门拍手。

4. 转马成左外门拍手。

7. 转马成右外门拍手。

8. 由右外门拍手成杀颈手。

9. 右手返手索落，同时身体转回正身马打左底拳。

10. 转右马成右低膀手。

13. 右脚随即收回成吊马，同时左手做护手，右手成膀手。

14. 右脚以45°侧身脚斜踢向木桩。

11. 左脚向左移动，右脚跟随成吊马。

12. 身体成45°斜向木桩，左脚不动，右脚摄向木桩，同时左手做拍手，右手成横拂手。

15. 标马成左低膀手。

16. 右脚向右移动，左脚跟随成吊马。

17. 身体成45°斜向木桩，右脚不动，左脚楔向木桩，同时右手做拍手，左手成横拂手。

18. 左脚随即收回成吊马，同时右手做护手，左手成膀手。

21. 右手圈手，左手耕手，成捆收手，同时转马，以侧身马朝向木桩。

22. 右手圈手以正掌打向木桩，同时左手成窒手，由侧身马转成正身马。

第三部分　木人桩法　61

19. 左脚以45°侧身脚斜踢向木桩。

20. 标马回中成侧身耕手。

23. 双手同时窒手，成双窒手。

24. 双窒手转做双托手。

 ## 正身内门拍手

1. 正身内门拍手时，身体不用转马，因为转马会令自己身体侧面正对敌人，招致对方另一只手的攻击。

2. 拍手要以手腕之力或左或右拍向桩手内侧，力不过桩手，拍手完成时即回中线成护手。

 ## 转马侧身外门拍手及杀颈手

1. 外门拍手的时候要配合转马动作，意想对方从中线向我进攻，我则转马移开自己中线，避开对方的攻击同时从外侧做外门拍手，再沿对方的手面顺势以杀颈手击向对方颈部位置。

2. 与内门拍手不同，外门拍手配合转马使出，亦不会露出空隙而受攻击，因转马令侧身的方向是对方外侧，对方没可能无中生有地长出一只手来进攻，再者转马后更有利之后所使用的杀颈手。

# 索手底拳

1. 杀颈手动作完成时，随即返手索落，同时转马使身体转回正身，另一手则立即顺势以底拳打向木桩，使索手、转马、底拳同时在一个圆形的运动上完成。

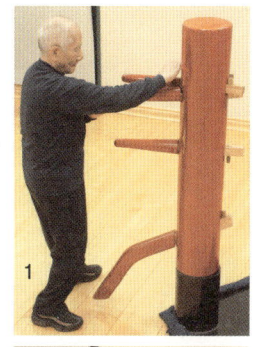

2. 这个动作重点在腰马的配合，使整个动作在腰马的转动中同时进行，一气呵成，毫无间断，是一个整体的动作。

# 45°侧身脚

45°侧身脚，由侧身低膀手开始，左脚移到木桩45°位置，右脚随即成吊马，脚尖着地，然后右手以横拂手击向木桩桩手底部，左手成拍手，再随即收回变成吊马，这三个动作需一气呵成。最后，右脚以脚踭踢向木桩侧面成侧身腿。

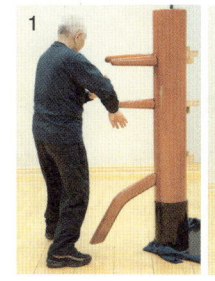    

45°侧身脚示范

1. 拍手横拂的一刹那,动作不作停顿,重心仍处于后脚,重心脚是原地不动,而前脚楔入桩脚的一刻,有蜻蜓点水之意,脚尖着地一刻随即收回成吊马。

2. 吊马的时候,后脚成重心,右脚成吊马,脚尖着地,仍然成低膀手,由于吊马时双脚距离很近,加上重心处于后脚,重心点不变,能使之后的侧身脚更具威力。

应用解构

一、拍手杀颈及索手底拳应用示范

叶准师傅以转马外门拍手化解攻来的直拳，拍手随即沿着对方手臂用拂手向颈项杀上，对方急以手臂向上抬，意图拨开攻来之手，身形随即微微升高后仰，叶准师傅掌握对方失形的机会，利用对方上举之力，拂手快速返手索下，令对手身体失形向前扑倒，右拳趁势击中对方，动作一气呵成。

外门拍手杀颈俯视图

1. 对方进马出右拳直接由中线向我胸口进攻。

2. 我则用转马右外门拍手拍开对方右手来拳，并以 45°朝向对方。

3. 我顺势由右外门拍手变拂手沿着对方右手手面反击，杀向对方颈部。

 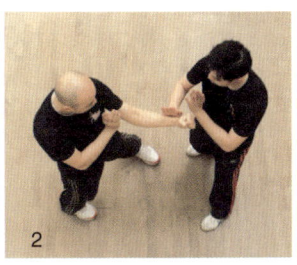 

二、45°侧身脚应用示范

对方直拳攻来，叶准师傅看准来势，马步走向对方45°角位置，楔马缩短彼此距离，左拍手则封向前臂外侧并以横拂手击向对方胁下，令对方受创，失去防守能力。所有动作在同时完成。乘对手防守薄弱之际，前脚随即收回成吊马，以加强踢击力量，在最直接及最短路线上利用脚跟发力踢向对方腰胯之间，拂手变为膀手及以护手防范对方反击。

1　　　　　　　　　2　　　　　　　　　3

45°侧身脚俯视图

走马向左避开对方的直拳，乘隙从45°位置以侧身脚踢向对方。

木 人 桩
第四节

　　木人桩第四节主要练习推人的方法,咏春拳有其独特技巧,让练习者明白如何安全地使用此技法。最后重点讲解了咏春另一式脚法——90°踢脚。

第四节 示范

1. 双手标上成双摊手在木桩桩手外侧。

2. 双手内圈成双圈手。

5. 双摊手翻上向外逼出成双正掌。

6. 双手随即窒向桩手成双窒手。

3. 双圈手变双底掌,击向木桩底部。

4. 双手翻上成双摊手在木桩桩手内侧。

7. 转马,右耕手,左圈手,成捆手动作。

8. 转马,左耕手,右圈手,成捆手动作。

9. 右手圈手后以正掌打向木桩，同时左手窒手，由侧身马转正身马，成捆手正掌。

10. 右手随即由正掌变回膀手，同时转马向左方。

13. 左手圈手，右手耕手，同时标马以侧身马朝向木桩，成捆手。

14. 左手圈手以底掌打向木桩，同时右手窒手，由侧身马转正身马，成捆手低掌。

11. 左脚走向木桩90°，同时右膀手黐桩转上成摊手，左手护手变前手，右腿踢向木桩膝盖位置。

12. 右脚标马，左脚跟随成侧身耕手。

15. 左手随即由低掌变回膀手，同时转马身体向右方。

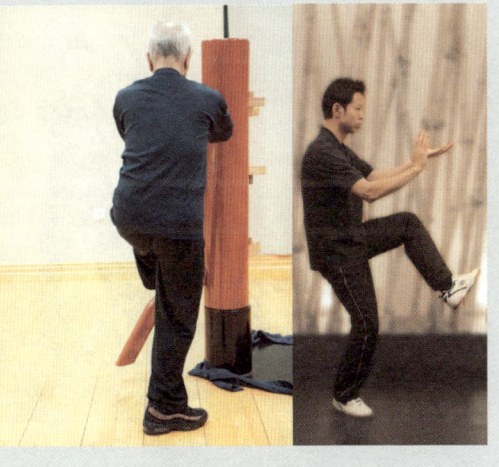

16. 右脚走向木桩90°，同时右膀手黐桩转上成摊手，右手护手变前手，左腿踢向木桩膝盖位置。

17. 左脚标马，右脚跟随成侧身耕手。

18. 右手圈手，左手耕手，同时标马以侧身马朝向木桩，成捆手。

21. 双手同时转做双托手。

第三部分 木人桩法 73

19. 右手圈手以正掌打向木桩,同时左手窒手,身体由侧身马转正身马,成窒手正掌。

20. 双手同时做窒手,成双窒手。

外门双摊手，双圈手底掌

练习外门双摊手时，意在双摊手内侧，两手埋踭并有啜实桩手的感觉，接触点在手腕对下位置，练习时意想对方双手向我前方逼出，我则用腕力以双圈手借对方来力顺势从外向内圈入，打向对方中门位置。

1. 埋踭以外门双摊手标出。　　2. 以腕力使双圈手向内圈入。

3. 双圈手借势从外而内漏入。

4. 以双手手指轻轻接触木桩。

5. 确定后再发力以双底掌打向木桩中门底部位置。

 **内门双摊手，双正掌**

内门双摊手，双手由桩手内门向斜上方标出，双手外侧与桩手紧逼啜着，但没有左右向横分开的力量，双手前臂同时向内翻转，形成手背朝上，双踭外翻，以旋转的力量逼开对方双手，再以双正掌击向对方面部。木人桩的桩手因为设计上的问题，桩手只有些微活动空间，练习时不可能真正把它逼开，所以练者要想象正在逼开对方两手，绕过桩手打上。

1. 双手外侧与桩手紧逼啜着。　　2. 双手前臂同时向内翻转。

3. 手背朝上，双踭外翻。　　4. 以双正掌击向对方面部。

双正掌、底掌留意的事项

打双正掌、底掌时,先以双手手指轻轻触摸目标,待确定接触实在时才以手踭、手腕发劲打出。

推人不是每次都会奏效,因为对手是活生生的人,会做出各式各样的行动来闪避甚至反击。若不顾后果,胡乱想推倒别人,一旦落空,自己反而容易失去平衡,陷于被攻击的险境。故第四节桩法中有此训练方法。

双正掌、底掌示范(右面)

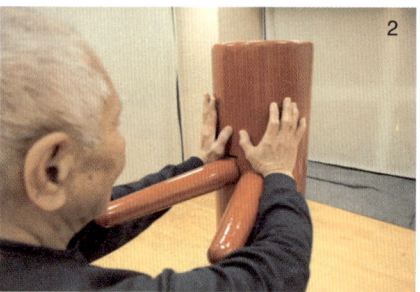

双正掌、底掌示范(左面)

 ## 捆 手

捆手，是由捞手及耕手的动作组合而成，交替变换的过程则要配合圈手的动作和转马同时进行。动作完成时，耕手位置由桩手外门斜角度指向木桩中线；转动的过程最重要是动作圆活畅顺，由耕手转捞手时，耕手内侧需要黐着桩手转动，且不可有逼压桩手的力量，而由捞手变耕手时，虽然不可能完全黐着桩手转动，但仍需把离开桩手的距离减至最短。

在整体动作上，双手的圈手动作和腰马的转动时间要互相配合，形成一个整体的转动，另外，耕手完成时需要有逼啜着桩手的感觉，而捞手就要放松黐着桩手且不可有向外抵抗桩手的力向。

捆手示范

捆手位置图

捆手时耕手的位置要配合转马侧身耕向中线。

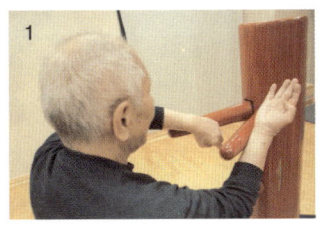

重点 5 · 90°踢脚

90°踢脚，在膀手的位置上，先动虚脚，虚脚直接走动到木桩侧面成 90°位置，由虚脚踏实转成实脚，即重心脚，另一脚则同时在外侧 90°位置上踩向桩脚膝盖位置，膀手同时黐着桩手转成摊手，另一只手伸前成护手，以作控制及看护之用。

1. 由侧身膀手开始。

2. 走马到木桩侧面 90°位置。

3. 从外侧 90°位置上踢向桩脚膝盖位置。

90°踢脚时，要点在于从对方 90°位置上踢向膝部外侧关节位置，摊手在黐着桩手的同时，切忌用手力压向木桩，应以后脚做重心站稳马步，护手应放在木桩近桩身位置，意想防御及控制对方之意识，由膀手到 90°踢脚是一个完整动作，需要一气呵成。

应用解构

一、外门双摊手,双圈手底掌应用示范

叶准师傅以外门双摊手标出压逼对方两手,对方恐怕被压入,忙标摊手防御,叶准师傅乘对方双手用力标出之良机,借对方来力,由压逼之力改为两腕圈手从外向内圈入,对方不但两手被分开,中路空虚,且受圈手之力影响,身体被牵引前倾,叶准师傅同时进马以双底掌击中对方。

二、内门双摊手,双正掌应用示范

叶准师傅由对方内门以双摊手标上,对方两手马上用力封闭内门防御,叶准师傅借对方用力之际,双手前臂向内翻转,手踭外翻,借助手臂旋转外翻的力量逼开对方双手,对方的防御立时分开,中路大空,再进马以双正掌击向对方颈部,对方即时受创,立足不稳,向后跌出。

三、90°踢脚应用示范

对方进马冲拳直接攻来，叶准师傅借标来之势，让出中路，走马到对方外侧90°位置，以摊手和护手防御并控制对方，使对方侧面完全暴露受制，继而用脚踢向对方前脚膝关节，使对方受创，即时跌倒。

90°踢脚应用示范

90°踢脚，使对方膝盖关节受控制或跪下，这是因为膝盖关节的结构对从外边的承受力及抗衡力是相对较弱的，若从这角度位置踩下，对方比较容易受控下跪，而在这个位置上用力踢出亦能重创对方。

90°踢脚俯视图

对方踏步冲前向我进攻，我走马到对方侧面，并由对方90°位置向其膝盖外侧位置踩下。

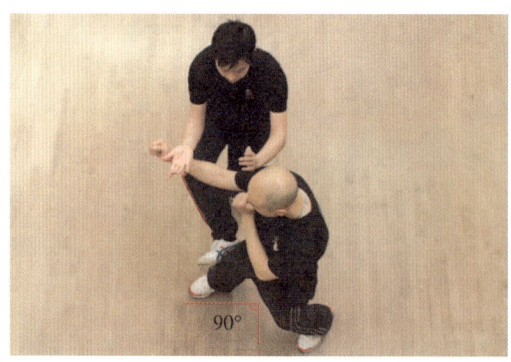

木 人 桩
第五节

　　木人桩第五节集中在抱琶手的练习。因这个动作两手摆放的形状好像手抱琵琶一样,所以叫抱琶手。而两手上下摆放,形象又像蝴蝶,故亦可称蝴蝶掌。

第五节 示范

1. 右手在前，手背斜向上方，左手在后成护手。

2. 前手手腕向左拖向右桩手。

5. 转马成右捞手，同时左手以底掌打向木桩右下侧。

6. 保持侧身马不变，双手变成捆手。

3. 手腕回向右拖向左桩手。

4. 右手转成摊手耕向左方。

7. 双手由捆手转马变正身抱琵手。

8. 由正身抱琵手变成转马膀手。

9. 由转马膀手变走马45°侧身抱琶手。

10. 标马回中成侧身耕手。

13. 由转马膀手变走马45°漏手抱琶手。

14. 标马回中成侧身耕手。

11. 由侧身耕手变正身抱琶手。

12. 由正身抱琶手变成转马膀手。

15. 左手圈手，右手耕手，同时转马，以侧身马朝向木桩，成捆手动作。

16. 左手圈手以底掌打向木桩，同时右手窒手，由侧身马转正身马成窒手底掌。

17. 双手同时窒手，成双窒手。

18. 双手同时转做双托手。

重点 1 沉踭左右摇腕，捞手侧底掌

站正身马，右手手背向上方，沉踭，处于两桩手之间，以腕力把手拖向右桩手，同时手指朝反方向，再以腕力把手拖至左桩手，同时手指朝反方向，转前臂同时转马以摊手耕向右桩手，摊手转捞手时，手部需黐着桩手转动，不压不丢，身体同一时间转马并以左手底掌击向木桩侧面。

1. 右手手背向上方，沉踭。

2. 把手拖向右桩手，同时手指朝反方向。

3. 把手拖回左桩手，同时手指朝反方向。

4. 转前臂同时转马以摊手耕向右桩手。

5. 摊手转捞手时，手部需黐着桩手转动，身体同一时间转马，以左手底掌击向木桩。

重点2 捆手变正身抱琵琶手

由捆手变正身抱琵琶手时,需要配合转马进行,借助转动腰马的时机,上手要逼压桩手内侧向前推进,当双手手指接触木桩后才发力推出。

1. 以侧身捆手向木人桩。

2. 转马变正身抱琵琶手,逼压桩手发力推出。

捆手转正身抱琵琶手时,双手手形一上一下成蝴蝶状,手指分别指向上下,由捆手转正掌的转动过程中,上手仍是紧啜桩手内侧及带有摩擦感觉向前推进,至手指按到木桩后才发力推出。

膀手变侧身抱琵手

由膀手到侧身抱琵手时,膀手是沿着木桩手转到面对木桩45°位置,配合入马向木桩侧面推出,手指先接触到木桩后才发力,由膀手变抱琵手的过程中上手没有离开桩手,直至完成整个抱琵手向前推进的动作,上手也是紧啜着桩手向前推出。

1. 以侧身膀手向木人桩。

2. 到45°位置逼压桩手外侧。

3. 配合入马向木桩侧面发力推出。

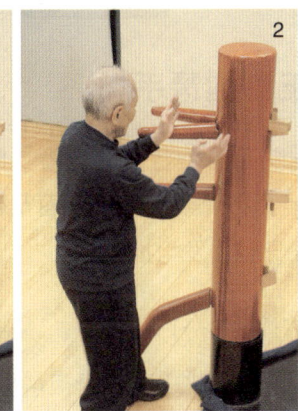

侧身抱琵手示范

侧身抱琵手时,上手与桩手紧啜并带有摩擦的感觉向前推进。

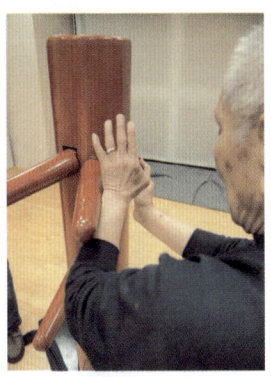

侧身抱琶手示范

侧身抱琶手的手形是上手是正掌形状,而下手是横掌形状。这是由于木桩躯干部分及人身体是呈圆柱体,横掌形状可与之配合。

耕手变正身抱琶手

由耕手变正身抱琶手时,需要配合转马同时进行,借助转马的同时,上手要紧啜着桩手手面及带有摩擦感觉向前推进,双手手指按到桩身后才发力推出。

1. 以侧身耕手向木人桩。

2. 配合转马紧压着桩手变正身抱琶手。

3. 双手按到木桩后发力推出。

正身抱琶手示范

正身抱琶手的手形成蝴蝶状,手指分别向上下方向指。在耕手转抱琶手时,上手没有离开桩手,而在向前推的时候,要意想逼压着对方的手面,使对方处于束桥及失势的状态,继而再发力推走对方。在发力前,需以手指先接触对方身体,随即发力,避免因对方退避而令自己落空失势。

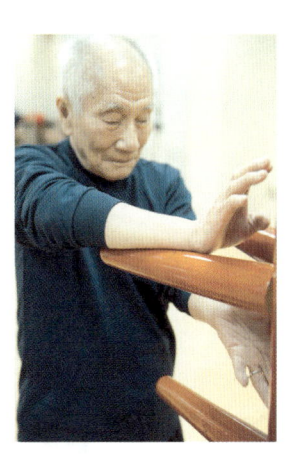

膀手变漏手抱琶手

膀手变漏手抱琶手,跟侧身抱琶手一样,唯独不同的是由膀手变抱琶手的一刻,双手突然漏空并以 45°位置推向木桩侧面,双手成横掌蝴蝶状,不需黐着木桩手,马步要尽量楔入,手指接触到木桩后随即发力推出。

1. 以侧身膀手向木人桩。

2. 走马到45°位置突然漏空双手。

3. 双手接触木桩后即发力推出。

这一式抱琶手是借对方的来力，使对方失势向前失形时推向对方，所以不用黐着对方手部，而是直接由膀手偷漏对方中门发力推出，故称之为漏手抱琶手。

四种抱琶手手法示范

1. 耕手变抱琶手。

2. 漏手变抱琶手。

3. 捆手变抱琶手。

4. 膀手变侧身抱琶手。

重点 6　入　马

要有效推倒对方，其中一样重要因素是入马。要推人达到最佳效果，必须在推的一刻同时入马，其一是能使对方因受压逼及重心被占而有失平衡之弊，其二是能以自己整个身体的推进加强发力推开对方，因为距离对方越远，对方承受被推的力相对亦越少。

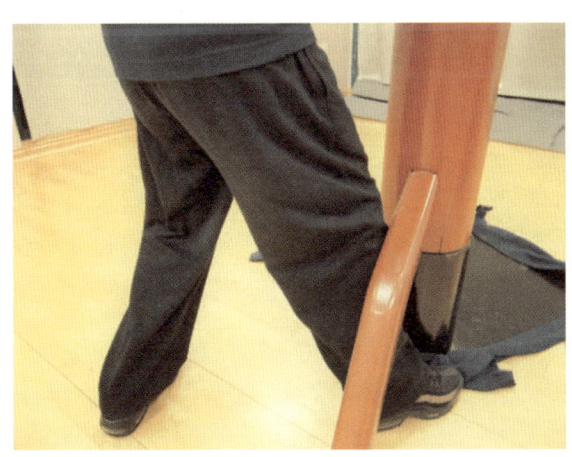

 手　形

　　使用正身抱琵手时除了马步要尽量楔入外，下手摆放的形状亦十分重要，手指朝向下，令手形发挥屏障作用，封死对方手臂，保护自己身体免被对方反击攻入。

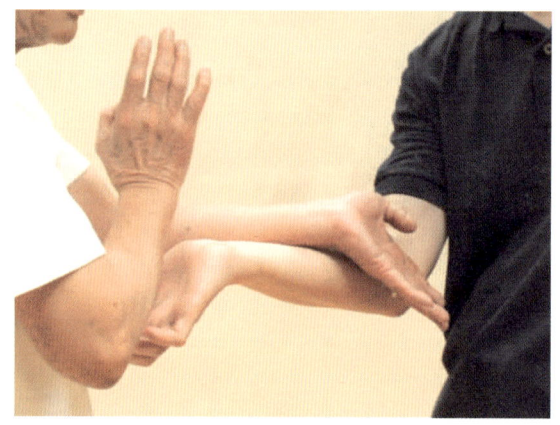

应用解构

一、沉踭左右摇腕应用示范

这个动作是以最短的时间及路线封截对方左右连环攻击,由于手腕是非常灵巧的关节,所以速度亦较快。

1. 对方出拳向我展开攻击。

2. 我手腕拖向左方消解对方右拳。

3. 对方右拳遭化解,左拳随即打出。

4. 我手腕立即拖向右方化解。

沉踭左右摇腕俯视图

1. 沉踭，手处于中线。　　2. 以手腕拖向左方。　　3. 再以手腕由左拖回右方。

二、捞手转马侧身底掌应用示范

对方出拳，我以耕手接之，对方来力不减，直向我面部打来，我转马捞手借对方来力，卸开对方到一旁，并令其失形，侧面露出空当，我乘势以侧身底掌打向对方胁下。捞手是借对方来势之力，以耕手转动轻带而乘势击向对方，是借力打力的招法。

三、捆手变正身抱琵手应用示范

叶准师傅以转马捆手破开对方中路防守，对方感受到威胁，上手马上回压，意图补救，叶准师傅立即借回压之势，顺势变招，用正身抱琵手，入马将对方推出。

捆手变正身抱琵手俯视图

以捆手卸开对方来拳，使对方力量旁落，我趁机配合转马逼压对方桥手进入对方中门。

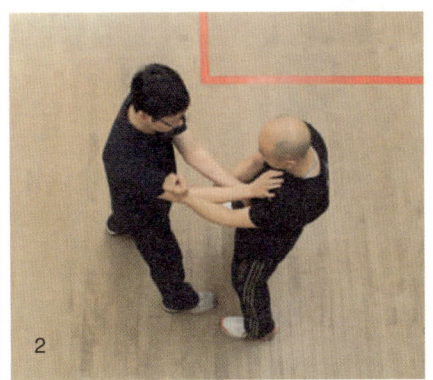

四、侧身抱琶手应用示范

叶准师傅擸手冲拳诱使对方用膀手防御,匆忙间对方转马膀手过度翻上,令身体侧面露出空隙,乘此时对方破绽大露,进马大步楔入并以侧身抱琶手推出,使对手拔地而起,往外飞出。

侧身抱琶手俯视图

我擸手冲拳攻击,对方转马膀手抵消来拳,乘对方转马之势走反方向45°,使出侧身抱琶手攻击对方。

五、耕手变正身抱琵手应用示范

叶准师傅耕手压前，紧逼对方桥手，使对方束桥，马步不停，正身楔马向前，抱琵手封桥压向对方胸口随即发力推出，对方马上立足不稳，往后跌倒。

耕手变正身抱琵手俯视图

以转马耕手带开对方攻势，令对方落空，趁对方身形未定，我即紧逼着对方双手以抱琵手压向对方。

六、膀手变漏手抱琵手应用示范

双方四手互黐，对方忽然用摊手向前标出，攻向叶准师傅，叶准师傅看准来势，从右膀手变转马捞手带开攻击，并令对方身体向前扑出，对方立即反向后仰企图阻止跌势，叶准师傅乘机快速入马，借对方后仰之力，加强力量，以漏手抱琵手推向对方胸部，使对方无防避机会。

膀手变漏手抱琵手俯视图

对方出手向我中路攻来，我右膀手变捞手走45°卸开攻势，右手偷漏对方中门发力推出。

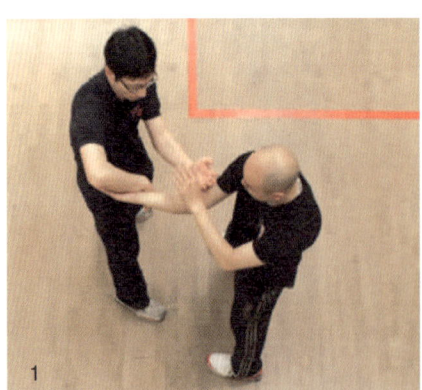

木 人 桩

第六节

　　木人桩第六节上半部分强调学习配合转马使用的不同手法,下半部分讲解了木人桩另一式脚法。

第六节 示范

1. 转马向左方出右耕手。

2. 转马向右方出左耕手。

5. 转马转回正身马，同时左手揿手，右手打横掌。

6. 转马向右方变侧身膀手。

第三部分　木人桩法

3. 转马向左方变侧身膀手。

4. 转马向右方同时做揦手杀颈。

7. 转马向左方同时做揦手杀颈。

8. 转马转回正身马，同时右手揪手，左手打横掌。

9. 转马向左方变侧身膀手。

10. 走马到木桩45°位置,右手耢桩翻上成摊手,左护手变前手。

13. 走马到木桩45°位置,左手耢桩翻上成摊手,右护手变前手。

14. 左脚变重心脚,同时踢右脚。

11. 右脚变重心脚，同时踢左脚。

12. 由45°位置标马回中成侧身膀手。

15. 标马回中成侧身耕手。

16. 右手圈手，左手耕手，同时转马变侧身马朝向木桩，成捆手动作。

17. 右手圈手正掌打向木桩，同时左手窒手，由侧身马转正身马，成窒手正掌。

18. 双手同时窒手，成双窒手。

19. 双手同时转做双托手。

重点 1　耕手变换过程

做左右耕手的时候，需要配合转马，以腰马带动耕手，不是以耕手挥击；由上耕手变下耕手时，应以最短路线直接向下耕，不应上手收回近身处才做下耕手。由于木桩的手有别于人的手，没法直接在原处耕下，所以在木桩上练习左右耕手时，上手才需要由桩手外向下耕。

重点 2　擸手上颈、揿手上颈

由膀手转擸手时，一边转马，膀手一边转到外侧成擸手状，护手由擸手的手背上以杀颈手击向对方颈部，注意杀颈手需沿桩手手面击上。返手揿手上颈时，返手有索及擸的感觉，手踭向外，同时另一只手以横掌从中线在桩手内门击出，整个动作要在身体由侧身马转回正身马的同时完成，有借力打力的效果。

擸手上颈、揿手上颈示范

1. 转马时，膀手同时转到外侧成擸手状。

2. 护手由擸手的手背击上。

3. 以杀颈手击向对方颈部。

4. 返手揿手上颈时，手睁向外。

5. 另一只手以横掌从中线在桩手内门击出。

　　杀颈手需由擸手的手背沿桩手手面击上，做由膀手到擸手的动作时，手腕切记要放松并黐着桩手转动，否则难以顺畅。另外，在木人桩上练习擸手和用于真人时情况会有所不同，因为桩手只是一条木头连着木桩，而且向外斜出，练习时不可能真的把桩手擸下来，而人的关节却是活动的，所以在真人的手上做擸手动作会比在木桩上容易。平日在木人桩上练习，难度会比真实情况较高，于实际运用时更加自如。

45°换步踢脚

由膀手到 45°换步踢脚时，先移左脚虚步到距离木桩 45°位置，然后右脚跟随，并与左脚平排，在右脚着地的一刻转移重心，左脚随即以脚踢向木桩侧面，发力点在脚踭。

1. 以侧身膀手向木人桩。

2. 移左脚木桩 45°位置，后右脚随。

3. 转移重心，左脚随即踢向木桩。

4. 由侧面看 45°换步踢脚。

应用解构

一、连环擸手应用示范

擸手是咏春最常用的手法,连环的擸手动作有"打蛇随棍上"之效,使对方受压逼而被我方封桥而上,是以一手制两手的打法。从人身上做这个擸手动作时,手腕转动时仍黐着对方,需配合转马同时进行。

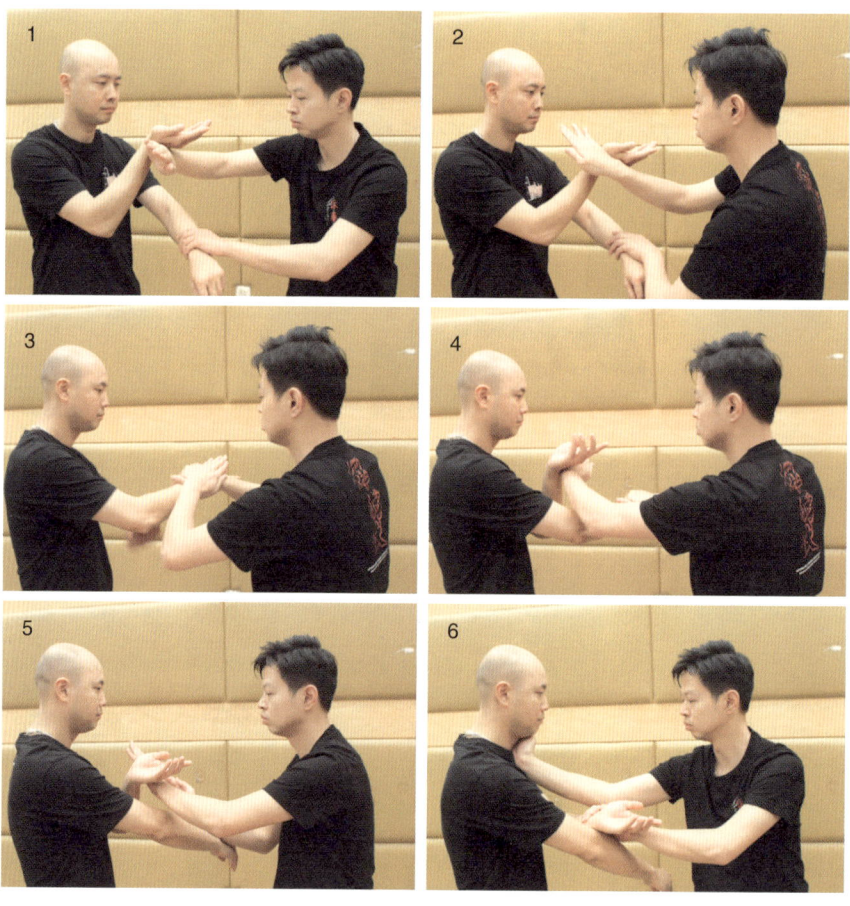

连环攃手俯视图

1. 我以攃手进攻，对方则用转马捆手消解。

2. 我右手马上变攃手，同时转马。

3. 左杀颈手由攃手的手背沿对手手面杀上。

4. 右攃手封死对方双手，右杀颈手则直接击中颈部。

5. 动作不停，左手返手继续封拍对方两手，右手横掌从中线击向对方颈侧。

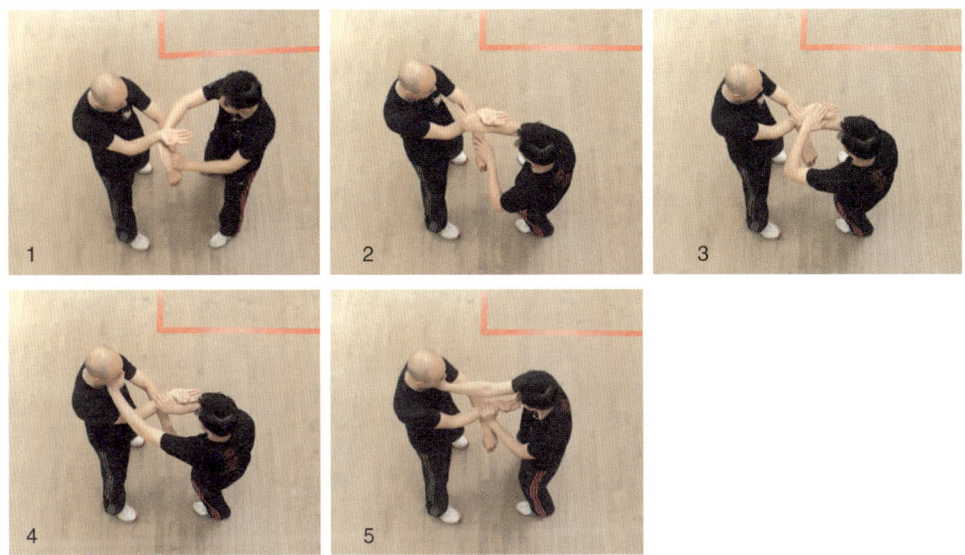

二、擸手上颈、揿手上颈的连续应用示范

1. 叶准师傅以膀手接下对方直拳攻击。

2. 随即转马擸手转到对方右侧，左手沿对方手臂杀上。

3. 对方受擸手之力所带，手臂被擸出，身体微向前倾，同时颈部已受攻击。

4. 对方受袭，企图以右拳反击。

5. 叶准师傅即返手借力以揿手封杀来拳，右手擸手成横掌。

6. 对方受揿手之力所压，头部被揿向下，叶准师傅右掌已由下而上，打上对方颈项。

三、45°换步踢脚应用示范

对方抢先上步向我采取攻势，待拳打到身前，我快速走马到对方左侧45°位置，对方来拳落空，左侧门户空虚，我换步用右脚踢击对方左腰。

45°换步踢脚侧面及俯视图

1. 双手控制并防范对方反攻，左脚则从对方45°位置踢向对方。
2. 从上往下看45°换步踢脚。

木 人 桩
第七节

木人桩第七节主要由不同的脚法组合而成,当中包含应付踢脚及消脚以后的练习。

第七节 示范

1. 左手在前,右手在后成护手。

2. 出左摊手同时起右脚。

5. 出右摊手同时起左脚。

6. 左脚不着地,右脚转马,踩左低踢脚同时左手起膀手。

3. 右脚不着地，左脚转马，踩右低踢脚同时右手起膀手。

4. 站回正身马，右手在前，左手在后成护手。

7. 左脚着地，转马向左方同时右手做揿手。

8. 转马向右方同时做左手揿手。

9. 走马45°左脚楔入，脚尖着地同时右手以底掌抵着木桩，左手成拍手状。

10. 随即左脚脚踭猛力踩地，同时左拍手与右底掌发力按下。

13. 走马45°右脚楔入，脚尖着地同时左手以底掌抵着木桩，右手成拍手状。

14. 随即右脚脚踭猛力踩地，同时右拍手与左底掌发力按下。

11. 标马回中成侧身左揿手。

12. 转马向左方同时做右揿手。

15. 标马回中成侧身耕手。

16. 右手圈手，左手耕手，同时转马以侧身马朝向木桩，成捆手动作。

17. 右手圈手正掌打向木桩，同时左手窒手，由侧身马转正身马，成窒手正掌。

18. 双手同时窒手，成双窒手。

19. 双手同时转做双托手。

 **移步直踢**

由正身二字钳羊马开始,要起正身右踢脚时,先将左脚移半步至木桩中心。移到中线的目的,是要把身体处于最平衡状态,重心点全转移至后脚,令踢脚的攻击点和重心脚处于同一直线上,不单有更稳固的后座来支撑力度,更可以借用地面的反作用力,加强前脚的踢击力量。踏步的原理如同上楼梯一样,借踏步之力把另一腿带起,重点在于后脚重心要稳扎有力。

1. 正身二字钳羊马。

2. 左脚移半步至木桩中心。

3. 重心转移到后脚并起右脚。

4. 左摊手同时标出,右脚以最短最直接路线踢击木桩。

 **移步直踢接转马低踢**

移步直踢与转马低踢是一个连环的动作,整个动作一气呵成,起正身脚的同时,相反方向的手成摊手。用右脚踢、左手摊或用左脚踢、右手摊,身体不可以同一方向同时踢脚及摊手,否则重心会偏重同一边引致平衡欠佳,影响发劲力道,而且容易被对方借力拉下而跌倒。由直踢转低踢时,重心脚要单脚转马,转马亦

以脚踭作轴心转动，借助转动的力量顺势踢向木桩膝盖位置，同时转膀手和护手防范。

1. 以右脚踢出左摊手。

2. 脚不着地，转马，两手转膀手护手防范。

3. 转马同时以低脚踢击木桩膝盖位置。

重点3 揿手楔马

转马揿低桩手是拍开对方踢来的直脚，而不是用力往下揿低踢脚，重点在于转马避开对方直踢，拍的时候以手腕力弹向来脚外侧，目的只为弹开直踢，使对方失形失势。若以力对力拍击，意图阻挡对方的踢击，容易造成手腕受伤，不符合咏春以柔制刚的理念。弹开直踢后，再以圈马楔入桩脚内，脚尖着地，脚踭升起，上手轻按桩手外侧，成预备拍手状，以封锁对方的反击，再用右手手指按着木桩正中心，成预备横掌状，自己的脚弯至小腿上半与桩脚紧扣。脚尖不移，脚踭猛然踏地，同时上手拍手，下手横掌同时发力，注意用力需要在三点同时发出。

1. 转马避开对方的直踢，并以手腕力弹向来脚的外侧。

2. 以圈马楔入桩脚内，上手轻按桩手外侧。

3. 右手预备横掌状，脚弯至小腿上半与桩脚紧扣。

4. 脚踭猛然踏地，同时上手拍手，下手横掌同时发力。

揿手示范

1. 揿手拍脚的重点在于转马，从侧面把对方的直踢用手腕力拍开。

2. 注意不是用力撞开对方的脚。

第七及第八节多加一下揿手的原因

叶问宗师传下来的木人桩法里，在第七及第八节的揿手都是拍一下然后走马到另一边,即是右手做揪手,然后走左方,或左手做揪手,然后走右方。但实际用的时候却是要走向同一方向才能紧接之后的攻势,即是左手做揪手、走左方,或右手做揪手、走右方,但以往并没有在桩法里更改,只有到磨桩的阶段时才把它更正过来反复练习,叶准师父把它从桩法里更正过来,故在第七及第八节桩法里,便多加了一下揪手,变成两下揪手,把它改正,变成现在左手揪手、走左方,及右手揪手、走右方。

楔马示范

1. 楔马时,脚弯至小腿与桩脚互相紧扣,当脚踭踏地的一刻,自己的脚自然会蹬直而形成一股力向后推开。

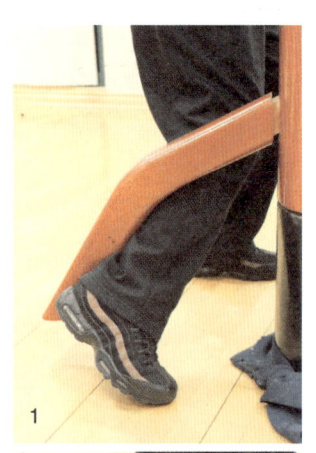

2. 楔马的重点是脚尖不能移位,否则互扣的地方会出现虚隙,有碍发挥效果。

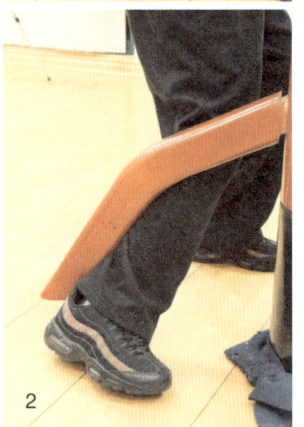

应用解构

一、移步直踢接转马低踢的连续应用示范

对方进马出拳,我出左摊手接下来拳,同时右脚已踢击对方小腹位置,一击得手,重心脚快速转马,右脚由上而下踢向对方前脚膝盖,令对方受创跌倒。

二、揪手拍脚俯视图

如我转马以左手做揪手拍向对方的直撑脚时,对方的脚会因外侧受力而使落脚点偏向我的右方,并腾出虚位于我左前方,因此需要走向左方发动接下来的攻击,这就是揪左走左,揪右走右的原因。

1. 我利用转马使对方直踢落空。

2. 顺势以拍手拍向对方脚外侧。

3. 对方受我拍手影响而失形往外荡开。

  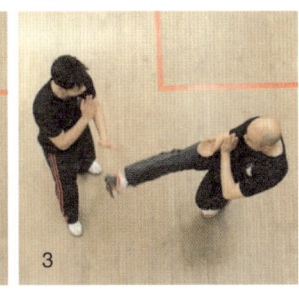

三、揿手楔马应用示范

1. 对方起前踢攻击,叶准师傅转马避开直脚踢击。

2. 叶准师傅使揿手以腕力弹开来脚。

3. 对方直踢被荡开着地之际,叶准师傅已走马到对方侧面(揿左走左),以楔马紧扣对方脚弯,一手封锁上臂,一手按着胸口,使对方受制。

4. 随即同时发力,下方脚踭踩地将对方前脚撬起,上方以底掌往下力按,令对方立足不稳,马上倒地。

揿手楔马俯视图

揿手楔马的重点在于两者膝盖互扣,手按胸部,形成一上一下的反方向发力点。

木 人 桩
第八节

　　木人桩第七、第八节都是脚法的组合,脚法并不是单纯用脚踢,而是需要整体动作的配合。

第八节 示范

1. 转马向左方，同时右手成低膀手。

2. 转马向回右方，同时左手成低膀手。

5. 右摊手变横掌打向木桩。

6. 转马向右方，同时左手成低膀手。

3. 再转马向左方,同时右手成低膀手。

4. 转马正身,同时右手成摊手。

7. 转回正身马,同时左手成摊手。

8. 左摊手变横掌打向木桩。

9. 转马向左方，同时做右揪手。

10. 转马向回右方，同时做左揪手。

13. 转马向回左方，同时做右揪手。

14. 右脚向后退步，同时左脚踢向桩脚膝部，右手封手，左手护手。

11. 左脚向后退步，同时右脚踢向桩脚膝部，左手封手，右手护手。

12. 上马回前，同时做左揪手。

15. 上马回前成侧身膀手。

16. 转马向右方，同时做双攞手右下踢脚。

17. 右脚着地，同时侧身膀手。

18. 转马向回左方，同时做双擸手左下踢脚。

21. 右手圈手正掌打向木桩，同时左手窒手，由侧身马转正身马，成窒手正掌。

22. 双手同时窒手，成双窒手。

19. 左脚着地，同时侧身耕手。

20. 右手圈手，左手耕手，同时转马以侧身马朝向木桩，成捆手动作。

23. 双手同时转做双托手。

退步封手踢脚

以转马揿手拍向下桩手,左脚随即踏后微微斜对木桩,踏后的距离远近要合适,太远起脚会踢不到对方,太近的话则影响发力,以半步到一步为宜,视各人身材而异。接着以右脚踢向桩脚膝盖位置,同时左手放回上方成拍手状,封向上桩手外侧,右手成护手。与第七节一样,转马揿手的意思是拍开对方的直踢脚,用手腕力从侧面弹向桩手,而不是用蛮力拍下。

1. 转马左手揿手拍向下桩手。

2. 后脚向后踏步斜对木人桩。

3. 起右脚踢向桩脚膝盖,左手封向桩手外侧。

擸手踢脚

膀手转马的同时,双手沿桩手黐着转出成双擸手状,在双手发力一刻同时以脚踢向桩脚。切忌用力拉着桩手不放,发力只是一瞬间,随即双手放松但仍保持擸手状。

双擸手的重点

木人桩的双擸手，是用短劲的发力方法向对方突然向下施力。双擸手的三个要点如下：

一、擸手谨记要以手封死对手的手踭，若不将踭封死，发力擸手时会被对手乘势以踭攻击。

二、擸手不是用力横拉，因为那会把对手拉向自己因而被撞。发力应是要向斜下方，于固定的桩手上没法做到，用于人身上便要向斜下方以短劲擸下。

三、擸完的一刻要立刻放手。擸手就是令对方失去平衡后，再施以进攻，所以需要腾空双手做攻击。切忌紧握对方不放或用力拉向己方，这会构成对方可以顺势撞击自己的危险。另外，要注意在擸手的同时转马，可以加强腰力，以及避开对方，使其落空而不能借势撞向我方。

双擸手示范一

1. 双擸手要把对方手踭封死。

2. 封死对方手踭，不怕对手乘势以踭攻击。

双擸手示范二

1. 擸手不是用力横拉，发力应向斜下方。

2. 擸完的一刻要立刻放手。

双擸手示范三

双擸手发力应向 45°斜下方，使对方失去平衡而向下跌，擸完的一刻要立即放手，以腾空双手做攻击。

应用解构

一、退步封手踢脚应用示范

对方起脚攻击,叶准师傅转马避开并以揿手弹向来脚。受揿手影响,对方踢脚失形往外荡开。对方踢脚着地,位置往外偏移。叶准师傅左脚退步并起右脚踢击对方膝盖,对方膝盖受力倒下,叶准师傅同时上手做护手封向对方直拳的前臂。

1

2

3

退步封手踢脚俯视图

二、擸手踢脚应用示范

1. 我以双擸手突然发力,同时起脚踢出。

2. 对方上下受袭,即时失去平衡向前扑倒。

擸手踢脚俯视图

擸手踢脚的攻击变化

擸手能使对手突然失去平衡,身形急速往下冲,形成丧失反应、毫无防备的状态。第八节桩法是以低踢攻击对方,只要施展擸手成功,对方下盘会出现破绽,甚至整个身躯也会成为攻击目标。

擸手踢脚攻击示范

1. 用脚扫向对方脚胫。　2. 以脚踢击对方膝盖。　3. 起脚踢对方腹部。

4. 以膝撞打向对方腹部。　5. 以横掌攻击下颚。　6. 用手踭攻击对方。

叶问原创范本

　　该部分为叶问宗师亲自示范的木人桩法原创范本，包含了上百幅叶问宗师留下的珍贵影像。叶准师傅对这些图片进行了精心编排，并在其中插入少量自己的图片，以补全流传过程中散佚的原始图片，保持拳套动作的完整连贯。读者可将此部分内容视作一个独立的小拳谱，总览八节木人桩法的全部招式，亦可通过这些照片领略一代咏春宗师的风采。

第一节

第二节

第三节

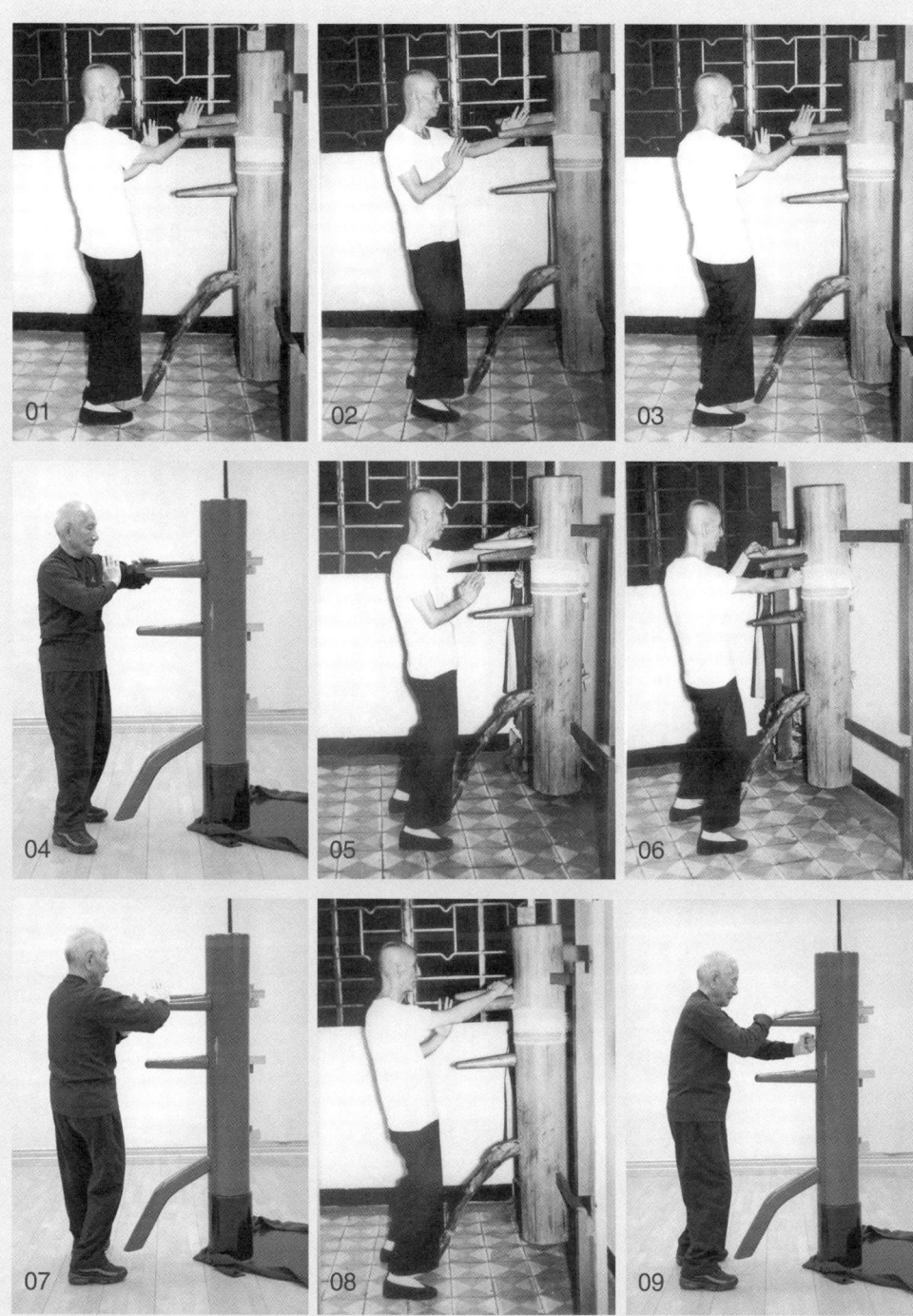

146　叶准教咏春：木人桩法

19

20

第四节

01

02

03

04

05

06

150 叶准教咏春：木人桩法

第五节

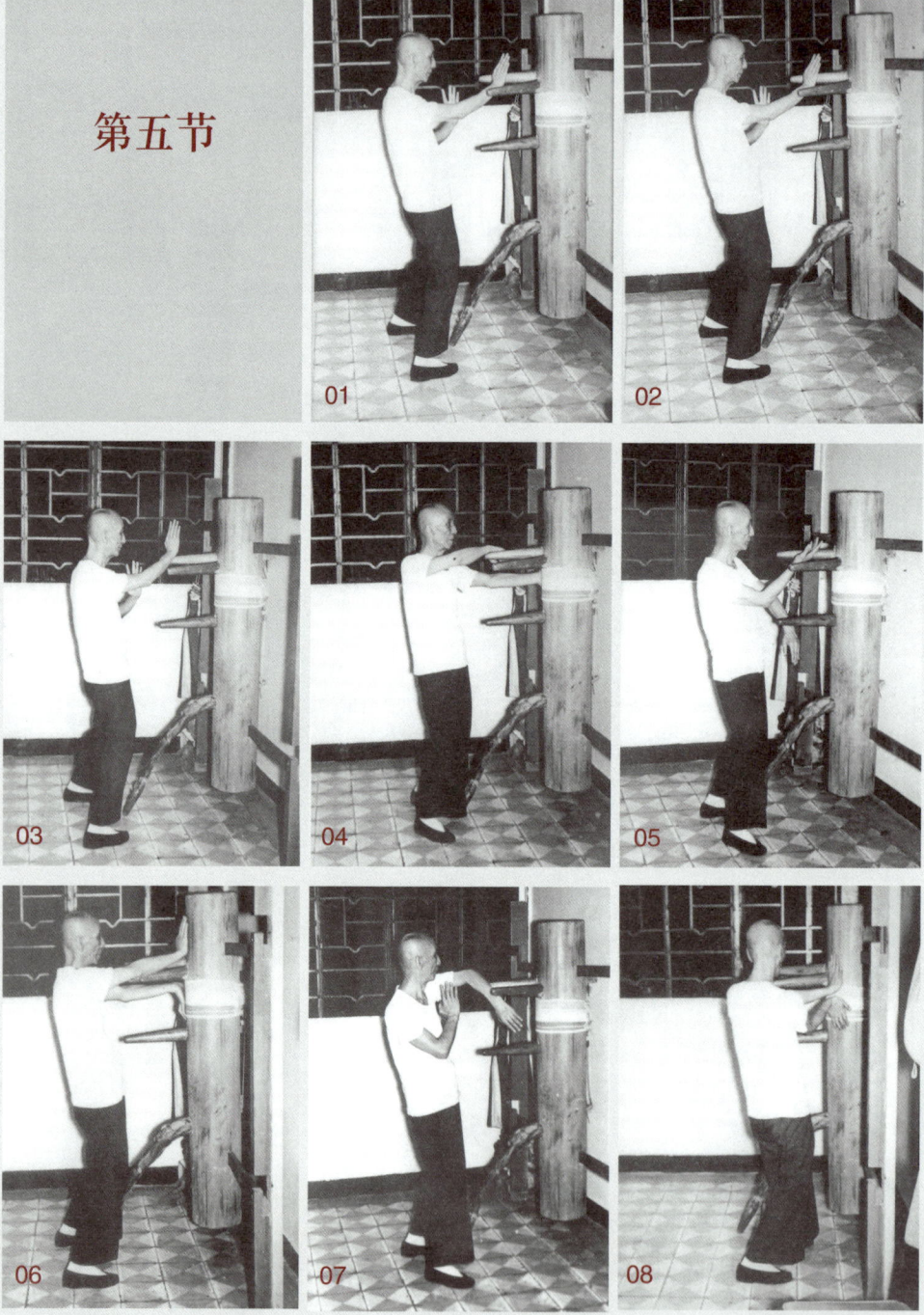

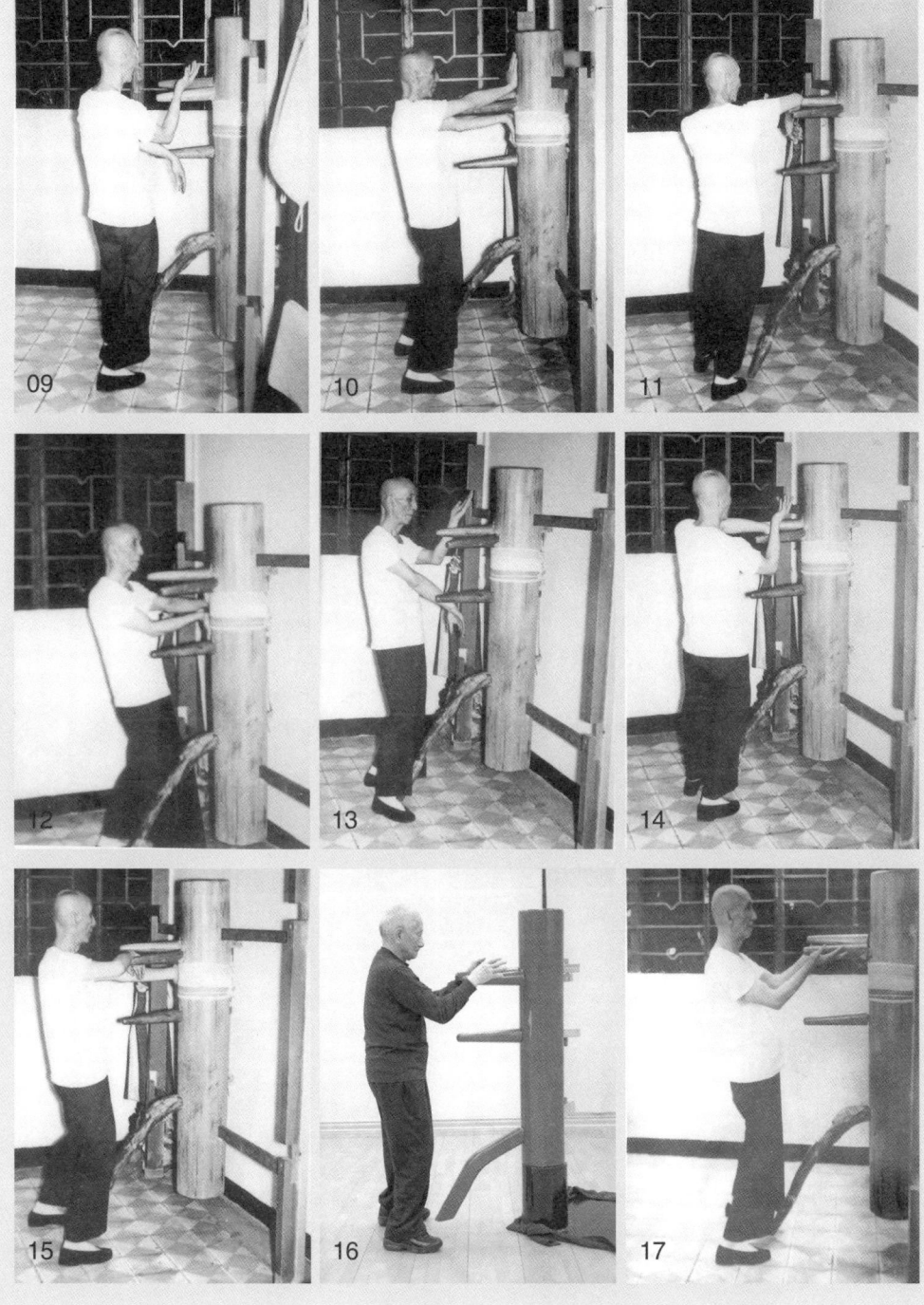

第六节

第七节

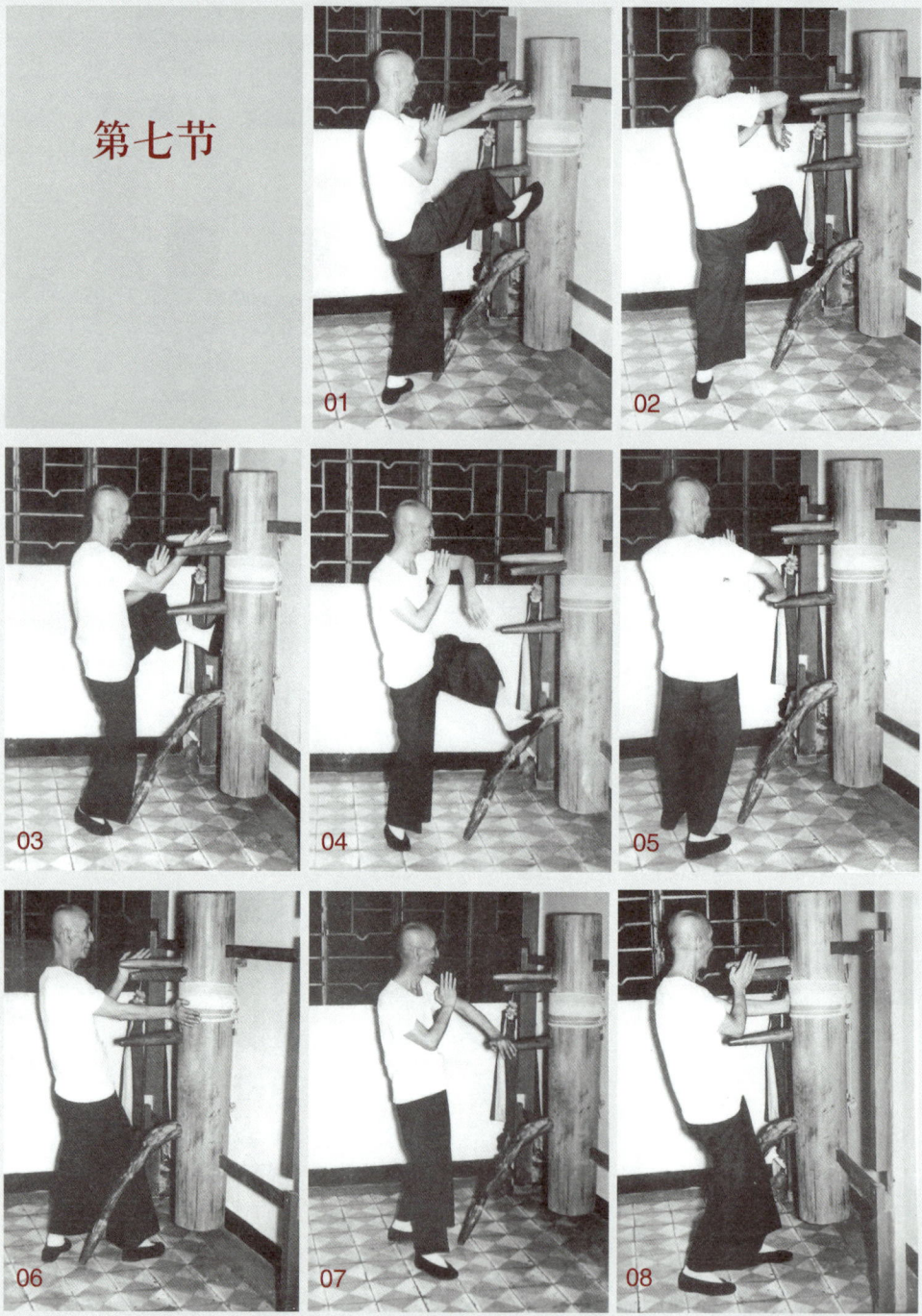

第八节

鸣　谢

特别鸣谢参与的摄制人员（左起）：王伟荣、黄锡明、廖日升、黎锦怡、严家强、梁家锠、林伟基、叶准、谭景生、陈振良、沈家威

出版后记

咏春拳是少林南拳的一个分支，相传为清朝时期严咏春所创，从创立至今，发展迅速，现已成为在世界范围内极具影响力的武术流派。近几年，电影《叶问》的热映也在国内重新掀起了一股"咏春热"，叶问宗师的高超武技和高尚武德，使咏春这一传统拳艺重获国人的瞩目。然而自从叶问宗师于1950年迁居香港后，大陆读者就再难一睹正宗叶问系咏春的风采，实为憾事。此次，我们从香港商务印书馆引进本书，正是本着弥补这一缺憾的目的，力求为广大咏春爱好者提供最权威的学习指导。

本书主要分为三大部分，在第一部分中，叶准师傅讲述了他在长达80年的武术生涯中，针对咏春基本拳套及拳理所悟的心得，字字珠玑，对咏春学习者来说弥足珍贵。第二和第三部分为本书重点讲解的内容——木人桩法。

木人桩法是咏春拳中十分重要的技法。在找不到人对练的情况下，木人桩可以模拟你的对手，助你练习对战技巧。且木人桩的桩手、桩脚均是固定的，这能够用来规范练习者的动作和位置，使其在实际对战中不易出错。纵然木人桩法如此重要，市面上关于木人桩法的学习资料却是少之又少，叶准师傅30年前曾出版过一本《116式咏春木人桩法》来讲述叶问宗师所授桩法，颇具权威性，被广大咏春研习者奉为圭臬，但该书绝版已久，且所用图片年代久远，多少会影响其示范效果。

本书则在该书基础上，进行了大幅度升级。此次是由叶准师傅来亲自示范叶问宗师所传的木人桩法，并重新拍摄高清彩图，示范效果更好,也更加赏心悦目。《116式咏春木人桩法》中所录叶问宗师留下的珍贵照片则附在书尾,让新读者也能一睹宗师的风貌。

本书能够教给读者的不仅仅是拳法套路,更为读者揭示了咏春拳术中内蕴的深刻哲理。正如叶准师傅在书中一再强调的那样,咏春虽为一门实用性、技击性较强的拳法,其拳理却并不主张硬碰,而是以柔制刚,舍己从人。武术搏击本身带有戾气,若不以深厚的文化内蕴来中和戾气,武术搏击就和单纯的耍勇斗狠别无二致了,如何还能作为传统文化瑰宝流传至今?故咏春研习者需用心体悟咏春拳理中蕴含的中国传统哲学智慧,文武兼修,领会其神髓,方能有大成。

由于著者叶准师傅及其弟子长居香港,讲述时惯用一些粤语表达。我们在编辑书稿时,对部分粤语表达进行了适当的更改,力求在不损害原意的基础上,使本书语言更贴近大陆读者的阅读习惯。

在近现代中国,咏春曾代表中国功夫抵御外侮,让中国人得以吐气扬眉。而时至今日,咏春已走向世界,不仅作为一种拳脚功夫,更是以一种文化的形式在国际上发挥着它的影响力。我们作为中华文明的传承者,更应该了解咏春拳艺的博大精深。最后希望这本书的出版,能为咏春的推广传播,尽一份绵薄之力,是为后记。

服务热线:133-6631-2326 188-1142-1266

服务信箱:reader@hinabook.com

后浪出版公司
2012年8月

图书在版编目（CIP）数据

叶准教咏春 / 叶准，梁家锟，陈振良著. ——北京：北京联合出版公司，2012.8（2022.3 重印）

ISBN 978-7-5502-0958-9

Ⅰ.①叶… Ⅱ.①叶…②梁…③陈… Ⅲ.①南拳－基本知识 Ⅳ.① G852.13

中国版本图书馆 CIP 数据核字（2012）第 188294 号

© 2011 商务印书馆（香港）有限公司

本书由商务印书馆（香港）有限公司授权简体版，限在中国大陆地区出版发行。

叶准教咏春：木人桩法

作　　者：叶　准　梁家锟　陈振良
出 品 人：赵红仕
选题策划：后浪出版咨询（北京）有限责任公司
出版统筹：吴兴元
特约编辑：王　頔
责任编辑：史　媛
封面设计：周伟伟
版式设计：文明娟
营销推广：ONEBOOK
装帧制造：墨白空间

北京联合出版公司出版
（北京市西城区德外大街83号楼9层　100088）
北京盛通印刷股份有限公司印刷　新华书店经销
字数161千字　690毫米 × 960毫米　1/16　10.5印张
2012年9月第1版　2022年3月第11次印刷
ISBN 978-7-5502-0958-9
定价：35.00元

后浪出版咨询(北京)有限责任公司　版权所有，侵权必究
投诉信箱：copyright@hinabook.com　　fawu@hinabook.com
未经许可，不得以任何方式复制或者抄袭本书部分或全部内容
本书若有印、装质量问题，请与本公司联系调换，电话010-64072833